IM ZAUBERWALD

Josephine Hirsch

Im Zauberwald

Spaß beim Singen,
Spielen, Lesen

Illustriert von Frizzi Weidner

Herder
Wien · Freiburg · Basel

© Herder & Co., Wien 1989
Alle Rechte vorbehalten / Printed in Austria
Umschlaggestaltung: Frizzi Weidner
Satz und Druck: Ueberreuter, Korneuburg
Bestellnummer: ISBN 3-210-24.936-9

Von kleinen und großen Zauberern

Im Zauberwald

Im Zauberwald,
das merkst du bald,
da leben sie,
da weben sie,
da schweben sie,
die Märchenleute:

      die Drachenbräute,
      die Riesenechsen,
      die Knusperhexen,
      die Zauberwesen
      mit Stab und Besen,
      mit großen Eulen,
      die nachts laut heulen ...

Schau nur, schau,
in der Au
hockt ein Elflein,
trinkt Kakao!

      Zu dem Berg
      rennt ein Zwerg,
      auf der Wiese
      flitzt ein Riese,
      drunt am See
      schwebt die Fee,
      auf dem Zaun
      hockt ein Faun.

Roggenmuhmen
suchen Blumen;
Hexenmeister,
Zaubergeister,
Besenreiter,
wilde Streiter
suchen sich im Wald Verstecke,
schaun hervor aus jeder Ecke.

    Menschenfresser
    schleifen Messer.
    Klapprigdürre Hexenwesen
    steigen auf die langen Besen.
    Zauberer sprechen Zaubersprüche,
    brauen Tränke in der Küche.
    Nachts im Mondschein tanzen Riesen
    mit den Hexen auf den Wiesen.

Wichtelmännchen
füll'n in Kännchen
Tautropfen aus
Blütenwännchen.

Hinter Blumen,
hinter Bäumen
sitzen Elfen,
und sie träumen.

Lauf nicht, du!
Guck noch zu!
Viele lassen sich noch schauen:
Elbenwesen, weise Frauen,
Schauergeister,
Gruselmeister,
Könige mit Zauberkronen,
lichte Wesen, die hier wohnen.

Ihr Aufenthalt:
der Zauberwald.
Hier leben sie,
hier weben sie,
hier schweben sie
bis heute.

Wo findet man das?

Zaubersemmeln,
Zauberwecken,
Zauberhut
und Hexenstecken,

Elfenkönig,
Affenei,
Gnomenvolk und
Schneckselbrei,

Wassermann und
scheue Nixe,
dumme Zwerge,
kluge, fixe,

Riesendrachen,
Lindwurmkopf,
Drakula,
Rapunzelzopf.

Wo ist alles dies zu finden?
Unter Eichen, unter Linden,
aber nicht in jedem Hain –
nur im Zauberwald allein!

So ruft man den Zauberer

Zauberbann
im Wald der Eichen,
Zauberbuch,
geheime Zeichen,

Elfenlispeln,
Nixentratsch,
Feengeflüster,
Hexenklatsch,

Fledermäuse,
Wolfsgeheule,
alter Uhu,
große Eule,

Zauberstab und
Zauberhut,
Donnerkrachen,
Feuersglut,

Zauberbrezel,
Zauberwein:
Zauberer,
erschein, erschein!

Zaubermeister kommt sogleich

Krummer, alter
Ziegenbock,
Zaubergeige,
Zauberstock.

Meck, meck, meck
im Zauberreich,
Zaubermeister
kommt sogleich!

Buttermilch und
süßer Rahm,
ist des Zauberers
Rabe zahm?

Krah, krah, krah, krah,
krikelfrah,
Zaubermeister
ist schon da!

Abre, kabre,
Wasserflut,
zaub're, zaub're,
spitzer Hut!

Zauberflöte,
Zaubermann,
fang nur gleich
zu zaubern an!

Der Zauberer ist da
(nach der Melodie: „A, a, a, der Winter, der ist da")

A, A, A,
der Zauberer ist da.
Zaubert hin und zaubert her,
Zaubern fällt ihm niemals schwer.
A, A, A,
der Zauberer ist da!

E, E, E,
der Zauberer fällt in den See.
Sei darüber nicht erschrocken:
Seine Kleider bleiben trocken!
E, E, E,
der Zauberer fällt in den See!

I, I, I,
der Zauberer irrt sich nie,
denn sein Spruch ist immer richtig,
und du weißt ja, das ist wichtig.
I, I, I,
der Zauberer irrt sich nie!

O, O, O,
der Zauberer ist froh.
er bekam die goldene Kette
bei der großen Zaubererwette,
O, O, O,
der Zauberer ist froh.

U, U, U,
der Zauberer hat eine Kuh.
Die kann in den Lüften schweben,
Cola, Bier und Wein ihm geben.
U, U, U,
der Zauberer hat eine Kuh.

BUM, BUM, BUM,
der Zauberer dreht sich um,
füllt ganz schnell die leeren Fässer,
und was gut ist, macht er besser.
BUM, BUM, BUM,
der Zauberer dreht sich um.

POCH, POCH, POCH,
der Zauberer lebe hoch!
Er will allen gerne helfen,
Menschen, Vögeln, Rehen, Elfen.
POCH, POCH, POCH,
der Zauberer lebe hoch!

Wer ist ein Zauberer?

Ein Zauberer,
das ist ein Mann,
der mir nichts dir nichts
zaubern kann.

Er hebt den Stab,
murmelt und summt
und senkt ihn wieder
und verstummt.

Und abre, kabre,
1, 2, 3,
schon ist geschehn
die Zauberei!

Was braucht man zum Zaubern?

Was braucht man zum Zaubern?
Nicht viel, ein paar Dinge,
die sind aber nötig,
damit es gelinge:

ein eckiger Kreis,
ein Rappe, schneeweiß,
ein Greis, jung an Jahren,
ein Kahlkopf mit Haaren,
ein Schreier, aber leise,
ein Dummkopf, klug und weise,
ein stinkfauler Streber,
ein Jahr ohne Feber.

Hast du diese Sachen,
magst du fröhlich lachen.
Mach ein lustiges Gesicht,
denn mehr brauchst du ja nicht
zum Zaubern.

Aufstieg zum Zaubermeister

Willst du zaubern?
Schnitz Zauberpfeifen,
roll Zauberreifen,
sied Zauberseifen
und pfeif wie ein Sperling,
du Zauberlehrling!

Willst du zaubern?
Iß Zauberwecken,
schluck Zauberstecken,
reit Zauberschnecken,
dann wirst du ganz schnell
ein Zaubergesell!

Willst du zaubern?
Such Zauberbäume,
träum Zauberträume,
schlag Zauberschäume,
dann machen dich Geister
zum Zaubermeister!

Zaubern ist leicht

Bitte sehr,
schau nur her:
Zaubern ist ja gar nicht schwer!
Schnell den Zauberstab geschwungen,
ratsche, fidibus! gesungen.
Ehe dieser Ruf verklungen,
mußt du dich rasch dreimal drehen.
Du wirst sehen,
welcher Zauber ist geschehen:
Auf dem Weiher schwimmt ein Hase,
aus der zarten Schnuppernase
wächst ihm eine Blumenvase.
Singst du dann noch: Fidi, kront!
fliegt das Tier mit dir zum Mond,
wo des Zauberers Tante wohnt.
Toll!

Rezept zur Herstellung eines echten Zauberstabes

Du brauchst

   ½ kg Sägespäne
   10 dkg lange Tannennadeln und
   3 Kuckuckseidotter

Gieße langsam etwas Hasenmilch dazu und vermenge das Ganze unter fortdauerndem Rühren, bis ein glatter Teig entsteht. Den walke aus und rolle ihn hernach unter leichtem Druck mit den Handflächen zu einer Stange aus.

Nähe große Eichenblätter zu einem Teppich zusammen und lege die Stange darauf. Laß sie drei Nächte lang im Mondschein darren. Darauf röste sie drei Stunden lang bei 150° C auf einem mit Hahnenbutter gut eingefetteten Backblech.

Nun tauche sie in Zauberlack, den du dir am besten beim Hexenmeister Schilakabum besorgst.

Vergiß nicht, über den lackierten Stab mit leiser Stimme folgenden Zauberspruch zu raunen:

   Schurumasi, Raubergrab,
   Murolasi, Sauberknab,
   Gurikasi, Zauberstab,
   saug dich voll mit Zauberkraft,
   werde groß an Zaubermacht!
   Tschirolatso, tschirolunder,
   nun vollbringe große Wunder!

> Zaubre, zaubre, du mein Stock,
> Kröte mach zum Ziegenbock,
> aus dem Stier mach eine Fliege,
> aus der Mücke eine Wiege!
> Was ich will, wenn ich dich schwinge,
> das gelinge, das gelinge!

Sollte wider Erwarten der Erfolg ausbleiben, laß die Hoffnung nicht fahren!

Du kannst es andersherum nochmals probieren:

Nimm statt des Sägemehls Erde aus dem schönsten Blumenbeet eines dir bekannten Zauberers. Aber laß dich ja nicht dabei erwischen!

Statt der drei Kuckuckseier diene dir ein einziges Adlerei, das du allerdings persönlich unter einer brütenden Adlermutter hervorholen mußt, ohne daß diese etwas davon bemerkt.

Die Hasenmilch ersetze durch die Milch einer Schnecke.

Dieses zweite Rezept hat sich als noch zauberkräftiger erwiesen als das erste. Mit den Zutaten gehe ebenso um, wie zuvor beschrieben.

Und nun viel Spaß beim Zauberstockbacken und hernach beim Zaubern!

(Nachschrift: Sollte es auch diesmal nicht klappen, dann beginne nochmals von vorne. Vielleicht hast du den Zauberspruch nicht deutlich genug gesagt oder gar eine Silbe oder ein Wort verschluckt?)

Das Zauberbuch

Im Buch des Zauberers
kann man lesen,
wie man verzaubert
viele Wesen:

den Königssohn,
den Herrn Baron,
das Prinzenkind,
den Sommerwind,

das kleine Reh,
den großen Zeh,
den klaren Bach,
das alte Dach,

den stolzen Pfau,
den Hexenbau,
das runde Faß
und dies und das.

Das alles steht
in seinem Buch
und noch manch seltener
Zauberspruch.

Zauberbuchzaubereien

Mit dem Zauberbuch,
mit dem Zauberbuch
gibt es manche schöne
Zauberei.

Mit dem Zauberbuch,
mit dem Zauberbuch
bist auch du beim Zaubern
mit dabei.

Aus dem Zauberbuch,
aus dem Zauberbuch
lernst die Zauberei du
ganz geschwind.

Aus dem Zauberbuch,
aus dem Zauberbuch,
da wird klug sogar
ein kleines Kind.

Simsabemsala,
simsabemsala,
schau, da steht der Spruch,
kannst du es sehn?

Simsabemsala,
simsabemsala,
sprich ihn, und die Zauberei
ist schon geschehn!

Fünf Zaubersprüche

1

Schrattenmützen,
Mäusespeck,
große Pfützen.
Zweck bleibt Zweck.

Elfenschleier,
Zwergenhut,
Vogeleier.
Gut bleibt gut.

Schwarze Assel,
Nebeltuch,
Rotweinfassel.
Buch bleibt Buch.

Hexe reibt
das Kuckucksei.
Zauberei bleibt
Zauberei.

2

Vogelleim,
Honigseim,
Bitternuß,
schwarzer Ruß,
alte Hex,
Tintenklecks,
Zauberwort,
Elfenhort,
Zuckerhut,
Tunichtgut,
Feenstab,
Rittergrab,
Bittgesuch,
Zauberspruch:

Kralleknie,
kralleklar,
lüge nie,
bleib stets wahr!
Gelbes Tuch.
Wirke, Spruch!
Zauberhut,
zaub're gut!

3

Mafralitte
rusiba,
kaxaschitte
lusifla,
rokumiro,
sonofure,
motuliro,
kosloture,
Frattalugo,
kauberwild,
hattaschugo:
Zauber gilt!

4

Fora, dara, Ziegenbock,
klora, klara, Zauberstock,
Brase, bröse, Sternenhut,
was nicht böse ist, ist gut.
Abra, kabra, wilder Stier,
Zauberkraft, gehorche mir!

5

Kraxakoma,
rubilese,
schwaksasoma,
tulinese,
kalabitte,
kalabette,
farasitte,
plaraflette:

ruxi,
raxi,
buntes Haus,
raxi,
rixi,
Zaubermaus,
krixi,
kraxi,
kruxi,
krill:
Sei das,
was ich
haben will!

Ein besonders wirksamer Zauberspruch

Hockelibock,
wackeliwei,
Schockelischrock,
mockelimei,

wackeliron,
schrackelitru,
trackelimuschira,
fackeliku!

Ein Zauberlied

Hexe, frexe,
Käsestrunk,
Schleckse, klexe,
Zaubertrunk,
Kroxe, moxe,
Kuckucksei,
kraxe, maxe,
Zauberei!

Krommel, bommel,
Hexengrab,
trommel, frommel,
Zauberstab,
frille, bille,
Elfenschmied,
schwille, grille,
Zauberlied!

Das Lied der Zaubergilde
(Zu singen nach der Melodie: Das Wandern ist des Müllers Lust)

Das Zaubern ist der Kinder Lust,
das Zaubern ist der Kinder Lust,
das Zaubern.
Das müssen fade Kinder sein,
denen niemals fiel das Zaubern ein,
denen niemals fiel das Zaubern ein,
das Zaubern.

Vom Waldschratt haben sie's gelernt,
vom Waldschratt haben sie's gelernt,
vom Waldschratt.
Der zaubert, was er zaubern kann,
verhext das Kind, die Frau, den Mann,
verhext das Kind, die Frau, den Mann,
der Waldschratt.

Die Elfen können's auch recht gut,
die Elfen können's auch recht gut,
die Elfen.
Sie heben ihren Zauberstab
und leiern ihren Spruch herab,
und leiern ihren Spruch herab,
die Elfen.

Geh, lern das Zaubern auch geschwind,
geh, lern das Zaubern auch geschwind,
das Zaubern.
Es ist ganz leicht, wenn du's nur wagst
und schnell den rechten Spruch hersagst,
und schnell den rechten Spruch hersagst,
das Zaubern.

Zauberei

Mulle, schrulle,
Hexenbase,
zieh ein Ei
aus deiner Nase!

Mulle, schrulle,
Hexenschrei,
zaubre einen
Frosch herbei!

Mulle, schrulle,
bulle, wu,
es genügt auch
eine Kuh.

Mulle, schrulle,
gelbe Nelken,
Hauptsache,
ich kann sie melken!

Jeder zaubert auf seine Art

Der Zauberer aus Persien,
der zaubert nur in Versien,
und fallen ihm mal keine ein,
sagt er: Heut tu ich nichts, nein, nein!

Der Zauberer aus Indien,
der läßt sich selten findien.
Er sitzt im Zauberhaus, sperrt zu
und sagt: Heut will ich meine Ruh!

Der Zauberer aus Portugal
zeigt sich dagegen überall.
Er strotzt vor lauter Eitelkeit,
drum zaubert er die ganze Zeit.

Dem Zauberer aus Ecuador,
dem kommt das Zaubern lustig vor.
Er hebt den Stock und lacht dabei,
und fertig ist die Zauberei.

Der Zauberer aus Lissabon,
der rennt den Leuten meist davon,
weil er so schrecklich schüchtern ist,
daß er den Zauberspruch vergißt.

Der Zauberer aus Helgoland,
der ist noch ziemlich unbekannt.
Die Lehre hat er erst gemacht
und wirklich noch nicht viel vollbracht.

Der Zauberer aus Spanien,
der zaubert mit Kastanien,
damit man nicht so leicht vergißt,
daß er ein ganz Besondrer ist.

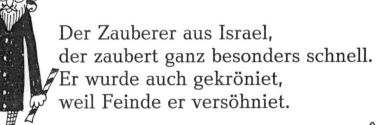

Der Zauberer aus Israel,
der zaubert ganz besonders schnell.
Er wurde auch gekröniet,
weil Feinde er versöhniet.

Der Zauberer aus Duderstadt,
der zaubert schlecht, ist alt und matt.
Er kann sich kaum noch rührien!
Wohin soll das nur führien?!

Der Zauberer aus Upsala
ist meistens fort und selten da.
Sein Weib tut ihn so quälien!
Was mußt' er sich vermählien?!

Der Zauberer aus Dänemark
braut einen Trank, besonders stark.
Der hilft in allen Lagien
bei Nacht und auch bei Tagien.

Der Zauberer aus Serbien
tut immer viel verderbien.
Er ist ganz schrecklich ungeschickt,
macht Dummheiten, so weit man blickt!

Der Zauberer aus Österreich,
der hat ein Herz, wie Butter weich.
Er kann niemanden weinen sehn,
er läuft sogleich, ihm beizustehn.

Der Zauberer im Ruhrgebiet
ist einer, der durch Mauern sieht.
Er nützt dies nur zum Guten aus,
das merkt man bald in jedem Haus.

Zauberer gibt's in aller Welt,
und jeder tut, was ihm gefällt.
Das darfst du ruhig glaubien!
Sie können sich's erlaubien!

Elf Zauberwald-Abzählreime

1

Zaubersprüche,
Zauberhüte,
Hexenküche,
Tollkirschblüte,

Simsala und
bimsala,
hexi, krexi,
Drakula,

schrilo, schrecklo,
Zauberschneck,
1, 2, 3, und
du mußt weg!

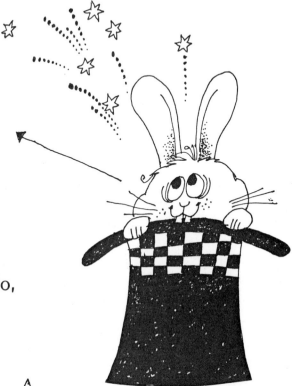

2

Hexentreppe,
Hochzeitsschleppe,
Zauberohren,
kleine Mohren,
langer Rüssel,
Suppenschüssel,
Knusperhaus,
du mußt raus!

3

Rollerulle,
Haferbrei,
alter Schimmel,
Hexenschrei,

rollerulle,
Fledermaus,
wilder Riese,
du mußt raus!

5

Flaquiromalt,
Elfen im Wald,
quixoretint,
Geister im Wind,
Klurotschiwaus,
raus mit dir, raus!

4

Lukalatschki,
fralewatschki,
Knusperhexe,
Fappelhahn,

mockelfaxi,
glockelkraxi,
Zaubermeister,
Grottenbahn,

Abre, schleck,
kabre, Speck,
Fabre, Fleck,
du mußt weg!

6

Schorenullo,
sprinkermald,
sind wir hier im
Zauberwald?

Rinkabello,
rankokrin,
ja, wir sind schon
mittendrin.

Kalawatsch und
ringelsaus,
aber du mußt
jetzt hinaus!

7

Wischi, waschi,
Fensterbrett,
ist die alte
Hexe nett?

Wischi, waschi,
Zauberwort,
Hexenmeister,
du mußt fort!

8

Abre, kabre,
Schreckensgeister,
fahre, lahre,
Hexenmeister,
fori, furi, kleck,
wori, schori, weg!

9

Elfen, Nixen,
Wassermann,
Zwerge, Riesen,
Zauberbann,
Lullokene, Hexenhaus,
du mußt raus!

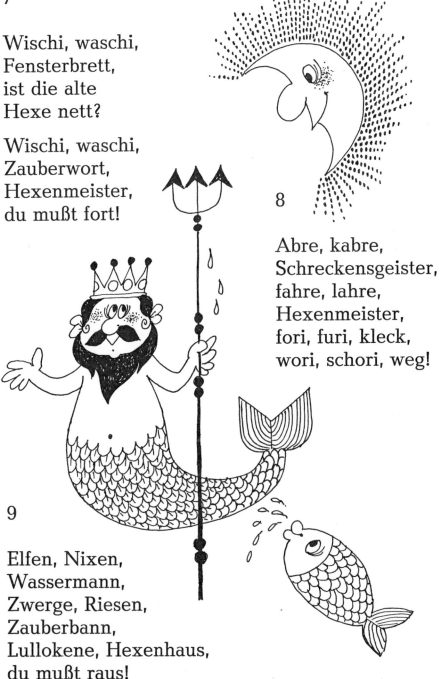

10

Ene, mene, rockelfloren,
hat die Hexe Eselsohren?
Ene, mene, schnickelhuckel,
schmiert sie Schmalz auf ihren Buckel?
Ene mene, krullekraus,
alte Hexe, du mußt raus!

11

Sechsunddreißig Hexenbrücken,
sechsunddreißig Zaubermücken,
sechs mal sechs im Räubergrab,
und du bist ab!

„Z" wie Zauberer

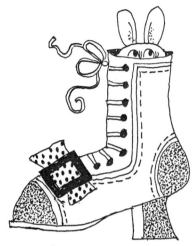

Z Z Z
ZAUBER
ZAUBERER
ZAUBERERSCHUH
ZAUBERERSCHUHSCHNALLEN
ZAUBERERSCHNALLENSCHUH
ZAUBERERSCHUH
ZAUBERER
ZAUBER
Z Z Z

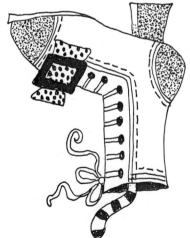
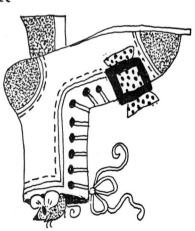

WAS ISST DER ZAUBERER?

Was ißt der Zauberer in der Früh?
Ein kleines Fliegenpilzmenü.
Dazu trinkt aus dem Zaubersee
er eine Tasse Schlammkaffee.

Und was kommt mittags auf den Tisch?
Vom Krötenteich ein fauler Fisch
mit Rattenschwanz im Giftkrautbier.
Der Zauberer ißt voller Gier.

Er trinkt ein Schlückchen Moschuswein
und schläft für eine Weile ein,
und wird er wach, dann schluckt er munter
noch ein Stück Heuschreckkuchen runter.

Am Abend bringt in ihrer Schürze
die alte Hexe Tabakswürze
und reibt damit die Semmeln ein.
Dazu gibt's braunen Spinnenwein.

Den Speiseplan notiere dir!
Und kommt der Zauberer zu dir,
vergiß bloß nicht, von all den Dingen
ihm etwas auf den Tisch zu bringen!

Zaubererfrühstück

Eins, zwei, drei,
Zauberei,
Frühstückstisch –
Herbei, herbei!

Kroleschrot,
Butterbrot!
Rinkelwei,
weiches Ei!

Schluderweck,
feinster Speck!
Wickelwemmel,
Honigsemmel!

Schrolleweh,
Milchkaffee!
Ruckelknauf,
Sahne drauf!

Schrickelschrade,
Marmelade!
Zeireschwere,
Heidelbeere!

Ist das nicht
wundervoll?
Schmeckt das nicht
wirklich toll?

Zaubererfrühstück
ist fürwahr
wunderbar,
wunderbar!

Der Zauberer darf sich freun

(Zu singen nach der Melodie: Hopp, hopp, hopp,
Pferdchen, lauf Galopp)

1, 2, 3,
der Zauberer hat ein Ei.
Eine Kuh, die brütet's aus,
kommt gewiß ein Schweinchen raus.
1, 2, 3,
der Zauberer hat ein Ei.

4, 5, 6,
im Beet steht ein Gewächs.
Das blüht rot und gelb und blau,
wer es aufißt, der wird schlau.
4, 5, 6,
im Beet steht ein Gewächs.

7, 8, 9,
der Zauberer darf sich freun.
Sonne scheint vom Himmel mächtig,
da gelingt das Zaubern prächtig.
7, 8, 9,
der Zauberer darf sich freun.

Der Zipfelzapfelzauberer

Der Zipfelzapfelzauberer,
der ritt auf einer Kuh,
und zipfelzapfelzauberte
auch gleich ein Lied dazu.

Der Zipfelzapfelzauberer,
der sang so falsch, o weh,
daß seine Kuh vor Schreck verschwand.
Verdutzt saß er im Klee.

Der Zipfelzapfelzauberer,
der hat jetzt keine Kuh,
und weil er deshalb nicht mehr singt,
ist auf der Wiese Ruh.

Ein Zauberer in der Wiese saß

Ein Zauberer in der Wiese saß,
tschiri, tschira, tschirum.
Er sah ins Buch und las und las,
tschiri, tschira, tschirum.

Der Zauberer hört' den Vögeln zu,
tschiri, tschira, tschirum.
Daneben lachte eine Kuh,
tschiri, tschira, tschirum.

In einer gelben Blumenecke,
tschiri, tschira, tschirum,
zerkugelte sich eine Schnecke,
tschiri, tschira, tschirum.

Auch Müllers Esel lachte da:
tschiri, tschira, tschirum,
haha, IA, haha, IA,
tschiri, tschira, tschirum.

Den Zauberer, der im Buche las,
tschiri, tschira, tschirum,
oje, oje, den störte das,
tschiri, tschira, tschirum.

Da hat er sich schnell umgeschaut:
tschiri, tschira, tschirum.
Was lacht ihr alle denn so laut?
Tschiri, tschira, tschirum.

Ach, Zauberer, wie bist du dumm!
Tschiri, tschira, tschirum.
Du hältst das Buch verkehr herum!
Tschiri, tschira, tschirum.

Interview mit dem Zauberer

Zauberer, wo ist dein Zauberreich?
Am Krötenteich, am Krötenteich!

Wohin hast du dein Schloß gebaut?
Ins Heidekraut, ins Heidekraut!

Wo hast du denn den meisten Flimmer?
Im Zauberzimmer, Zauberzimmer!

Verzauberst du auch Menschen, sag?
Drei, vier am Tag – drei, vier am Tag!

Woher sind deine liebsten Diener?
Sind alle Wiener, alle Wiener!

Ist dieser Zauberstab schon alt?
So wie der Wald, so wie der Wald!

Erzählst du oft und gern Geschichten?
Nur meinen Nichten, meinen Nichten!

Warum trägst du den spitzen Hut?
Er steht mir gut, er steht mir gut!

Wann zauberst du am liebsten hier?
Morgens um vier, morgens um vier!

Was sind für dich die größten Plagen?
Die vielen Fragen, vielen Fragen!

Die Wochentagszauberer

Der Montagszauberer weiß keinen Spruch,
der Dienstagszauberer hat kein Buch,
der Mittwochszauberer zaubert schlecht,
dem Donnerstagszauberer ist alles recht,
der Freitagszauberer ist auf der Hut,
Der Samstagszauberer zaubert gut.
Der Sonntagszauberer hat freien Tag,
weil sonntags niemand zaubern mag!

Jeder Zauberer hat seine Art

Ist der Zauberer noch jung,
braut er einen Zaubertrunk.

Ist der Zauberer schon alt,
zaubert er im Zauberwald.

Ist der Zauberer dazwischen,
zaubert er in Zaubernischen.

Nur der Spruch bleibt immer gleich:
Hoxe, moxe, Krötenteich!

Jeder schwenkt den Zauberhut,
wenn das hilft, dann ist's ja gut!

Drei Zauberer

Im kleinen Wäldchen Klauberär,
da wohnt ein guter Zauberer.

Der Zauberer von Klauberöse,
der ist dagegen schrecklich böse.

Der Zauberer von Klaubero
ist einmal so und einmal so.

Der kleine Zauberer Schnirr

Zauberer Schnirr, der war sehr klein,
er zauberte bei Mondenschein
und manches Mal im Schnee.
Oweh!

Zauberer Schnirr, der schämte sich,
war kleiner als ein Mäuserich
und kleiner als ein Ei.
Owei!

Zauberer Schnirr im Mondenschein,
der wollte gerne größer sein,
so groß wie sein Papa.
O ja!

Zauberer Schnirr sprach einen Spruch
und schwenkte schnell sein Seidentuch,
da wuchs er immerzu.
Juchhu!

Zauberer Schnirr, der ist jetzt groß
und fühlt sich seither ganz famos,
singt frisch und froh und frei:
Juchhei!

Zauberer Theo

Am Zaubersee, mitten im Zauberwald,
haust Zauberer Theo. Er ist schon recht alt,
und zerfleddert sind all seine Bücher.
Sein Rabe ist stumm,
seine Finger sind krumm,
zerschlissen die seidenen Tücher.

Am Zaubersee, mitten im Zauberwald,
sind die Zaubersprüche noch lang nicht verhallt,
denn der Zauberer gab sie schon weiter.
„Karolukro, farott,
flinowerti palott,
brixoschina quallino petreiter!"

Am Zaubersee, mitten im Zauberwald,
wo des Wundervogels Gesang erschallt,
ist der Zauberer Gegner des Bösen.
Wer verhext ist durch Feen
oder Nixen in Seen,
den kann und den will er erlösen.

Am Zaubersee, mitten im Zauberwald,
haust Zauberer Theo, von kleiner Gestalt,
es lieben ihn Zwerge und Elfen,
der Geier, der Star,
der Adler sogar,
denn er will ihnen immer nur helfen.

Zum Zaubersee mitten im Zauberwald,
geh auch du, mein Kind, und geh nur recht bald,
denn der Zauberer lebt nicht mehr lange.
Lauf nur quer durch den Wald,
und du findest ihn bald.
Vor der Hexen Gekreisch sei nicht bange!

Der Zauberer Mirakula

Im Sternenmantel steht er da,
der Zauberer Mirakula.
Er hält den Stab in seiner Hand,
wen er berührt, der ist gebannt.

Ein spitzer Hut ziert seinen Kopf,
darunter sieht man einen Zopf.
Die Augen sind wie Kohlen schwarz,
in seinem Bart klebt Zauberharz.

Das Zauberharz schenkt ihm Gewalt.
Es stammt aus seinem Zauberwald
und schützt ihn vor der Hexen Bann,
so daß ihm keine schaden kann.

Lang ist die Nase, schräg der Blick,
und krumm und schief ist sein Genick.
Dem Zauberer, dem traut man nicht,
weil er gewiß nur Lügen spricht.

Den Zauberer Mirakula,
den fürchtet jeder, der ihn sah.
Mit seinem langen Zauberstock
verwandelt er den Ziegenbock,

den Hirsch, den Hasen und das Reh,
sogar die Nixen in dem See,
die Elfen und den Wassermann,
daß keiner sich mehr rühren kann.

Aus Buben macht er Rabenbrut,
sie fliegen rings um seinen Hut
und müssen tun, was er verlangt,
obgleich er niemals dafür dankt.

Viel zorniger als Drakula
gebärdet sich Mirakula.
Ich wette jede Wette drauf:
Er frißt sich einmal selber auf!

Im Wald des bösen Zauberers

Die Tannen alle
verwunschene Knaben,
die wollten an Zauberers
Quelle sich laben.

Die Blumen alle
verzauberte Maiden,
die wollten in Frieden
die Schafe dort weiden.

Die Eichen alle
waren Prinzen vorzeiten,
die wollten des Zauberers
Garten umreiten.

Die Blüten waren einst
Mädchen und Buben,
die eifrig im Walde
nach Wurzeln gruben.

Die Eulen waren
einst Königinnen.
Dem Zauberer konnte
keine entrinnen.

Du siehst einen Kater
die Hütte umschleichen;
er war einst ein Handwerksbursch
oder dergleichen.

Der Zauberer steht dort
versteckt hinter Tannen.
Er lauert auf Kinder,
um sie zu bannen.

Der Wald wird größer
mit jeglichem Jahr,
und jeder der Bäume
ein Menschenkind war.

Hört nur, wie es lispelt
in Zweigen und Laub:
Erlös uns, denn wir sind
des Zauberers Raub!

Errate die Worte,
errate den Spruch,
steht jeder von ihnen
in des Zauberers Buch!

Befrei uns, erlös uns!
Laß dich nicht überraschen!
Gar eng sind im Netze
des Zauberers die Maschen!

Verbirg dich, erlausch,
was der Zauberer spricht,

behalte die Worte,
vergiß sie nur nicht!

Um Mitternacht tritt dann
zum Zauberborn
und sage die Sprüche
von hinten nach vorn!

Dann hält uns der Zauberbann
nicht mehr gefangen,
dann darf uns der Zauberer
nicht mehr belangen!

Dann knistert's im Wald
in den Ästen und Zweigen,
dann dürfen wir aus der
Verzauberung steigen!

Dann schwinden die Bäume
aus unserer Runde,
und einer nur gibt noch
von dem Schauerwald Kunde:

Der Zauberer selbst ist's,
verwunschen für immer;
es nützt ihm kein Klagen,
es hilft kein Gewimmer.

Ach, hilf uns, beeil dich,
erlös uns geschwind!
Sag ganz schnell den Spruch her,
gesegnetes Kind!

Abendlied des Zauberers

Sonne hinterm
Wolkendach,
Blitz und Donner,
Ungemach,
Starker Regen,
Eulenschrei,
Krähenfüße,
Kuckucksei,

Krokusblume,
müdes Kind,
Roggenmuhme,
Abendwind,
Mondschein auf dem
Fensterbrett,
Zauberer muß
schnell ins Bett!

Abschied vom Zauberwald
(Zu singen nach der Melodie: Muß i denn ...)

Muß i denn, muß i denn
zum Zauberwald hinaus,
Zauberwald hinaus,
und der Zauberer bleibt drin.
Wenn ich komm, wenn ich komm,
wenn ich wieder einmal komm,
wieder einmal komm,
geh ich wieder zu ihm hin!
Denn das Zaubern kann ich gar nicht gut,
doch er bringt es mir schon bei!
Wenn ich komm, wenn ich komm,
wenn ich wieder einmal komm,
wieder einmal komm,
lern ich auch die Zauberei!

Lauf doch in den Zauberwald!

Elfen
helfen,
Nixen
knixen,
Hexen
fexen,
Feen
sehen,
Riesen
niesen,
Recken
blecken,
Drachen
lachen,
Eulen
heulen.

Menschenfresser
sind Erpresser.
Auch die Geister
werden dreister.
Zwerge: putzig,
aber schmutzig.
Zauberer
sind sauberer.
Roggenmuhmen
pflücken Blumen.

Kleine Gnome
schmücken Dome.
Heinzelmännchen
tragen Kännchen.
Das Dornröschen
flickt ein Höschen.
Das Schneewittchen
sitzt im Kittchen.
Das Schneeweißchen
füttert Meischen.
Rosenrot
streicht ein Brot.
Und der Bär
hat es schwer.
Böse Zwerge
zimmern Särge.
Hexenmeister
bannen Geister.
Sieben Schwaben
füttern Raben.
Eulenspiegel
pflegt den Igel.

Eins und zwei und drei,
alles Hexerei!
Lauf doch in den Zauberwald,
dann bist du mit dabei!

Die Elfen von Waldhausen

Durch Blumenfelder gleiten sie,
auf Heupferdrücken reiten sie,
und niemals, niemals streiten sie,
die Elfen von Waldhausen.

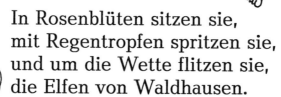

In Rosenblüten sitzen sie,
mit Regentropfen spritzen sie,
und um die Wette flitzen sie,
die Elfen von Waldhausen.

In hellen Nächten wachen sie,
und viele Scherze machen sie,
denn gar zu gerne lachen sie,
die Elfen von Waldhausen.

Mischelfen-Sprache

Mischelfen sind gar seltsame Wesen,
können nicht schreiben und können nicht lesen,
und wenn sie reden, versteht man sie kaum.
Die Mischelfensprache lernt man im Traum:

>Flutsch dich her zu mir,
>horch zu, wie es wruwelt,
>fru klorkel lauscho,
>wie's kladdert und frudelt!
>
>Klemmatscho kruse,
>gech drübro und schau,
>flori ku Manna,
>waschiri ein Frau.

Brosi pla Butterbrot,
schlosi pa Milch,
kono vru rokaflot,
hol mir schnell tschilch!

Blüton in Waldeloh,
Blüton am See,
Flacka tru immer froh,
Hirsch, Lumra, Reh.

Hasen tu tschellera,
Vögel in Krön,
Krimpora Nachtigall,
Molw zwitschern frön!

Kranewich bika Mond,
Sternenschein, quacht,
träume in kiledont,
flori bei Nacht.

Seerosennixen

Seerosennixen
können lachen und knixen,
können tauchen und schwimmen
und die Felsen erklimmen.

Schau, wie sie sich recken
und den Wassermann necken
und am Barte ihn zupfen,
an den Haaren ihn rupfen!

Hör den Alten, den Dummen,
dazu schelten und brummen!
Schau, er patscht nach den Nixen,
diesen flinken und fixen,

die vor Lachen sich biegen,
denn er kann sie nicht kriegen.
Und die Wellen kichern leise,
ziehen spöttisch ihre Kreise.

Und die Nixen spielen munter,
tauchen auf und tauchen unter,
und sie lachen laut und scherzen,
kennen Leiden nicht noch Schmerzen.

Von den schlanken Libellen,
diesen flinken und schnellen,
lassen sie sich dann tragen,
schweben hin mit Behagen.

Ja, die hauchzarten Nixen,
diese fröhlichen, fixen,
an den Seerosenstielen,
sind gar heit're Gespielen!

Nixenlied
(Nach der Melodie: Es klappert die Mühle)

Es toben die Nixen und plantschen im See,
plitsch, platsch!
Sie stoßen an Steine und tun sich nicht weh,
plitsch, platsch!
Sie schwimmen und tauchen und spritzen wie toll,
sie kichern und lachen den Buckel sich voll,
plitsch, platsch, plitsch, platsch, plitsch, platsch!

Es zaubern die Nixen, das können sie gut,
plitsch, platsch!
Drum sei vor dem Nixenpack sehr auf der Hut!
Plitsch, platsch!
Sie locken mit Wispern und Singen dich an
und ziehen mit Macht in die Tiefe dich dann,
plitsch, platsch, plitsch, platsch, plitsch, platsch!

Spottlied auf den Wassermann

Plitsch, platsch,
Wassermann,
nasser, nasser
Dummian,
plitsch, platsch,
Wassermann,
nasser, nasser
Tropf!

Plitsch, platsch,
Wassermann,
blasser, blasser
Dummian,
plitsch, platsch,
Wassermann,
blasser
Zottelkof!

Plitsch, platsch,
Schlamm im Haar,
schäm dich, schäm dich,
wirklich wahr!
Plitsch, platsch,
wunderbar
kommst du uns nicht
vor!

Plitsch, platsch,
troll dich doch,
Nasser, Nasser,
in dein Loch,
plitsch, platsch,
Wassermann,
dummer, dummer
Tor!

Wassermann-Menü

Was ißt der Wassermann in der Früh?
Ein weiches, nasses Teichmenü
mit kaltem Krötenbraten.

Und was kommt mittags auf den Tisch?
Vom Spinnenteich ein fauler Fisch.
Wie's schmeckt, magst du erraten!

Und was trägt man am Abend auf?
Ein wenig Schlick- und Schlammauflauf
mit schimm'ligen Tomaten.

Die böse Fee

Es wohnte eine böse Fee
am immergrünen Zaubersee,
die machte Prinzen zu Kröten –
sie lebten in schweren Nöten.

Ein Elfenkind kam an den See
und sah die böse Zauberfee,
versteckte sich schnell im Schilfe
und sann für die Prinzen auf Hilfe.

Rasch kroch ein Kröterich herzu
und sprach: „Ach, hilf uns, hilf uns, du,
und sprich mir, bitte, schnell nach:
Simbrose, simbrese, simbrach!"

Das Elfchen tat das ganz schnelle,
und der Prinz war erlöst auf der Stelle.
Mit ihm alle anderen auch,
so will es der Zauberbrauch.

Die Fee schrie Zeter und Mordio,
aber die Prinzen, die waren froh,
und sie rannten sogleich
weit weg von dem Teich
und kamen nie wieder ins Feenreich.

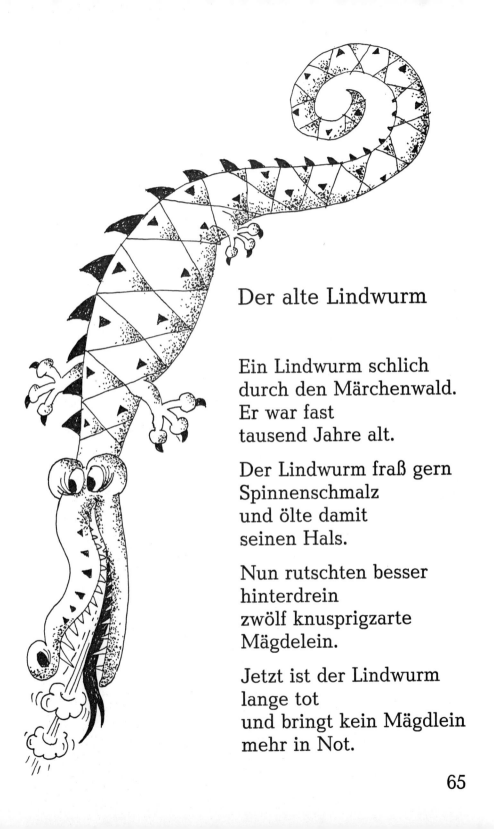

Der alte Lindwurm

Ein Lindwurm schlich
durch den Märchenwald.
Er war fast
tausend Jahre alt.

Der Lindwurm fraß gern
Spinnenschmalz
und ölte damit
seinen Hals.

Nun rutschten besser
hinterdrein
zwölf knusprigzarte
Mägdelein.

Jetzt ist der Lindwurm
lange tot
und bringt kein Mägdlein
mehr in Not.

Der klitzekleine Zwerg

Auf einem klitzekleinen Berg
da wohnt ein klitzekleiner Zwerg,
trägt an dem klitzekleinen Kopf
einen soooo klitzekleinen Zopf.

Wie sich die Zeiten ändern

Es wohnte einst bei einem Berg
in einem Schloß ein Riesenzwerg,
und vis-à-vis, auf einer Wiese,
war ein ganz winzig kleiner Riese.

Jetzt gibts auf allen Wiesen
nur riesengroße Riesen,
und in dem Schloß am Berge
gibt es nur winzge Zwerge
hier und in andern Ländern.
Wie sich die Zeiten ändern!

Der Tortenzwerg

Es schlüpfte einst ein Tortenzwerg
in einen großen Tortenberg
mit Zuckerguß und Sahne.

Was wollte denn der Tortenzwerg
im meterhohen Tortenberg?
Er hißte eine Fahne
aus Zuckerguß und Sahne.

Schreckgespenster

Um Mitternacht treiben Gespenster
im Wind umher, spähen durchs Fenster,
hülln sich in Nebel, jaulen und pfeifen,
jammern und ächzen, stöhnen und keifen.

Um Mitternacht spukt es im Zimmer,
und Schreckgespenster mit Wehgewimmer
wollen dich ängstigen, wollen dich necken,
aber ein Mutiger läßt sich nicht schrecken!

Denn jeder Gruselgeist kann doch nur wimmern
und in der Düsternis ein bißchen schimmern,
und nur wer Angst hat, muß zittern und beben,
wenn sich die Geister gespenstisch erheben.

Nur wer sich fürchtet, ist hilflos und schwach,
drum machen Geister meist schrecklichen Krach.
Aber Krach schadet nicht, drum bleib nur still,
wenn dich ein Schreckgespenst ängstigen will!

Schabt's an der Tür und pocht's auf den Topf:
Zieh deine Decke nicht über den Kopf!
Schau es nur mutig an, lache nur, lach!
dann bist du stark, und die Geister sind schwach!

Gespensterball

Es pfeifen die Geister
und krächzen und wimmern
in Schloßruinen,
in Hinterzimmern.
Sie blasen auf Besen,
auf morschen Gebeinen,
sie schlagen mit Zweigen
und klopfen mit Steinen.

Sie fiedeln auf Stöcken
und dudeln mit Blöcken
und stampfen und singen
und keuchen und springen.
Gerippe, die krachen,
und hohl klingt ihr Lachen:
Hihihuhuhu! Hehehahaha!
Gespensterball gibt's!
Alle Geister sind da!

Gespensterlied

Kringel, krangel,
Schreckgespenster,
tschiri, tschuri,
graues Fenster,
rasche, frasche,
morscher Baum,
tschule, tschale,
Geistertraum,
klitsche, klatsche,
Schloßruine,
frimmle, prammle,
Geistertrine,
Donnerkrachen,
Blitzesschlag,
gelbe Drachen,
Geisterplag!

Hoppe, poppe,
ein Gerippe
kloppe, froppe,
mit der Schippe –
Uhr schlägt eins.
Der Spuk ist aus.
War das bös,
o Schreck, o Graus!

Nach Mitternacht

Was soll das Gewimmer
im Zimmer?
Was tun die Gespenster
am Fenster?
Was zischt die Fledermaus
im Haus?
Woher der Jammer
in der Kammer?

Es spukt, es spukt,
ojemineh!
Es spukt bei Regen
und bei Schnee,
o Angst, o Schreck,
vergeh, vergeh!

Schlag eins ist's aus!
Gespenster, raus!

Kein Gewimmer
mehr im Zimmer,
keine Gespenster
mehr am Fenster,
keine Fledermaus
im Haus,
auch kein Jammer
in der Kammer!

Darum schlaf wohl
wie der Hase im Kohl!
Keiner tut dir etwas,
alles war nur ein Spaß!
Gute Nacht, gute Nacht!
Chchchchchchchch!

Das Burggespenst

Es klappert
und plappert,
es wispelt
und lispelt,
es gleitet
und schreitet,
es tappt
und trappt,
es haspelt
und raspelt,
es schwatzt
und kratzt,
es flüstert
und knistert,
es scharrt
und knarrt,
es keift
und pfeift,
es saust
und braust,
es raunzt
und maunzt,
es schleicht
ganz leicht
und höhnt
und stöhnt,
es zischt

und wischt,
es weint
und greint,
es wimmert
und schimmert
und glitzert und glänzt,
das Burggespenst.
Es heult immer schlimmer
und trabt durch die Zimmer:
Tripp, trapp, hiiii, heeee!
Klipp, klapp, fliiii, fleeee!
auf fahlem Roß
durchs Geisterschloß!

Rabenjagd

Mit Silberpfeil und Bogen schoß
das Burggespenst vom Geisterschloß
nach einem gelben Raben.
Den wollte es gern haben.
Weil es jedoch danebenschoß,
das Burggespenst vom Geisterschloß,
drum konnt' es ihn nicht haben,
den Raben!

Gespensterjodler

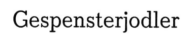

Huiiiii, huiiiii,
juppihuiiiii!
Knochenkrachen,
Geisterlachen,
schaurige Gespenstersachen!
Reiter auf dem Gruseldrachen,
sperr weit auf den Geisterrachen,
sing und jodel mit:
Huiiiii, huiiiii, huiiiii!
juppi, juppi, huiiiii!

Huuuch!

Was klappert und zischt um die Burgruine?
Es ist der Schloßgeist mit seiner Kusine,
es ist der Geistergraf mit seiner Frau,
es ist Ritter Kunerich von der Au.

Sie spielen Fangen im Gesträuch
mit viel Gekicher und Gekeuch.
Im Mondschein leuchtet das Gebein.
Wer das sieht, beginnt vor Schreck zu schrein.
Wer das sieht, den packen Angst und Graus.
Dabei schaden die Geister nicht mal einer Maus.

Sie wollen doch nur lustig sein
und sich einmal ein bißchen freun,
weil sie außer in der Mitternachtsstunde
starr liegen müssen auf feuchtem Grunde.

Und schrein sie auch schaurig, hab nur keine Angst,
es ist völlig sinnlos, daß du bangst!
Du kannst ganz ruhig mit ihnen spielen,
auch wenn sie krächzen und schief nach dir schielen.
Mit ihnen ist's lustig, das wirst du schon sehen!
Kein Geist tut dir etwas, nicht mal aus Versehen!

Das stumme Gespenst

Ein Gespenst, groß und stumm,
schleicht in unserm Haus herum,
schleicht auf leisen, leisen Sohlen.
Seine Augen glühn wie Kohlen!
Gleich ist's da, gleich wieder weg.
Sicher hockt es im Versteck!
Papi, kannst du es dort sehen?
Bitte, laß mir nichts geschehen!

Aber nein, lacht laut der Vater,
das Gespenst – ist unser Kater!

Was ist denn da los?

Es knistert und knattert,
es surrt und es rattert,
es klirrt und es summt,
es poltert und brummt,
es raschelt und rispelt,
es raunt und es wispelt!
Ein Dieb ist im Haus –
oder gar eine Maus!
Ich fürchte mich, huh!

Ach nein, liebes Kind,
das ist nur der Wind!
Du Angsthase, du,
puh!

Waldschratt-Alphabet

Agno
Blom
Cry
Duko
Eru
Feki
Grok
Husk
Irlas
Jol
Kri
Lamsch
Muw
Nip
Oc
Puw
Qualb
Rus
Surr
Tros
Ulx
Vetsch
Wat
Xolf
Ymo
Zaklo

Räuberlied

Schnurre, schnarre,
knurre, knarre,
zurre, zarre,
Hexenbein!
Motzli, matzli,
schotzli, schatzli,
trotzli, tratzli,
Gift im Wein!

Karaschuro,
maraluro,
zarakuro,
Drachenzahn!
Mikripolli,
murokrolli,
tschintorolli,
Räuberplan!

Kirotschitta,
mikropitta,
rintassitta,
Drakula!
mopspantofle,
kataschofle,
tumikrofle,
bla, bla, bla!

Wenn der Waldschratt schrattelt

Der Waldschratt hat ein Schratteltuch,
damit schrattelt er für den Zauberer
einen nagelneuen Zauberspruch,
damit schrattelt er der Knusperhex
auf die Nase einen Tintenklecks,
damit schrattelt er voller Arbeitswut
einen Zippverschluß auf den Riesenhut,
damit schrattelt er den Wassermann
aus dem tiefen Teich in den grünen Tann,

damit schrattelt er für die eigene Frau
einen Riesenbottich voll Kakao,
damit schrattelt er mit argem Sinn
Feen dicke Warzen an das Kinn,
damit schrattelt er für den Menschenfresser
lauter Wasser in die großen Fässer,
damit schrattelt er für seinen Freund, den Faun,
Wiener Würstchen rund um dessen Zaun,
damit schrattelt dieser Schrattelschlingel
Salz und Pfeffer in die Zuckerkringel,
damit schrattelt er voller Schrattellist,
bis vom Schratteltuch nichts mehr übrig ist.

Verschobenes Gesindel

Schwarze Nächtegeister
ziehn durch Geisternächte.
Es hat Meisterrechte
jeder rechte Meister.

Durch die Fensterscheiben
dieser Scheibenfenster
sieht man Treibgespenster
im Gespenstertreiben.

Jeder Besenmeister
bindet Meisterbesen,
und für Geisterwesen
sorgen Wesengeister.

In der Hexenküche
walten Küchenhexen,
und mit Sprüchefexen
raunt man Fexensprüche.

Alle Zaubertränke
wirken Tränkezauber,
und der Bänkerauber
sitzt auf Rauberbänken.

Manche Flimmergeister
stehn im Geisterflimmern,
wenn sie „Kleister!" wimmern,
gibt es Wimmerkleister.

Märchen vom Sonntagskind

Der Zauberer hat sein Buch verloren,
jetzt kann er nicht mehr zaubern,
dem Räuber ist die Flinte erfroren,
jetzt kann er nicht mehr raubern.

Der Hexe ist der Besen zerbrochen,
jetzt kann sie nicht mehr reiten.
Die Riesen haben den Zwergen versprochen,
sie würden nie wieder streiten.

Erst war alles böse, jetzt ist alles gut,
wie ist denn das nur gekommen?
Der Pilz hat sogar seinen giftigen Hut
versöhnlich vom Kopf genommen.

Erst war alles dunkel, jetzt ist alles hell,
nichts Böses wird mehr geschehen,
was zu langsam war, das ist jetzt schnell,
und das blinde Täubchen kann sehen.

Ein Sonntagskind ist vorbeigekommen,
da hat sich alles gewendet.
Der Prinz hat es zur Braut genommen,
damit auch dies Märchen gut endet.

Irgendwo

Irgendwo in Miloretti
wohnt die Hexe Rostocketti,
dürr und alt,
mitten drin im schwarzen Wald.

Irgendwo in Flaschekrullo
wohnt der Zauberer Krillambullo,
schief und krumm,
auf der Wiese Brilloschrumm.

Irgendwo in Schatzlockuse
wohnt der Riese Mirochuse,
stark und dumm,
auf dem Berg bei Mollibumm.

Irgendwo in Tschilloretta
lebt die Elfe Kitoretta,
zart und fein,
auf der Heide Killoschein.

Irgendwo in Michwazitzur
wohnt die Fee Morilla Kitzur,
hold und jung,
auf der Lichtung Lullorung.

Irgendwo in Waschlikanda
lebt der Zwerg Birisowanda,
klein, doch brav,
bei dem Berge Tschirokrav.

Irgendwo in Kratschabinden
werden wir sie alle finden
bei dem Fest
für die Nixe Mimmilest.

Irgendwo in Brattaleiern
werden wir dann fröhlich feiern
mit Gesang
in dem Wirtshaus Brittowrang.

Irgendwo in Lilowende
geht dann das Gedicht zu Ende,
weil zum Schluß
alles einmal enden muß.

Spiel und Tanz auf der Zauberwiese

Auf der großen
Zauberwiese
tanzt der Zaubrer
mit der Liese,

tanzt die Hexe
mit dem Besen,
tanzt der Specht
mit Geisterwesen,

tanzt der Wassermann,
der nasse,
mit dem dicken
Regenfasse.

Kröten pfeifen,
Uhus rufen,
Frösche hüpfen
über Stufen.

Alle Vögel
jubilieren,
alle Geister
musizieren.

Alle Heinzelmännchen
springen,
alle Märchenleute
singen.

Wer nicht tanzt
und spielt und lacht,
wird vom Zauberer
ausgelacht.

Eine Purzelbaumgeschichte

Ein kleiner Knirps
aus Rotschifirps,
der kaufte sich für wenig Geld
den größten Purzelbaum der Welt.

Ein langer Mann
aus Rotschifan,
der setzte ihn im Garten ein.
Der Purzelbaum, der war jetzt sein.

Im Purzelbaum,
du glaubst es kaum,
da baute Schmutzfink sich ein Nest
und feierte ein Purzelfest.

Auf einem Ast
zu Ruh und Rast
fand Pechvogel ein Wohnrevier
und rief: „Vertreibt mich nicht von hier!"

Ein Unschuldslamm
gesprungen kam:
„Habt ihr für mich hier auch noch Platz?"
„Ja, kommen Sie nur!" rief der Spatz.

Ein reicher, dicker Bürgersmann
band seinen Amtsschimmel hier an.
Der setzte sich vergnügt ins Moos
und wieherte gleich frisch drauflos.

Ein Angsthase lief zitternd her
und flüsterte: „Ich bitte sehr,
schenkt unter diesem Purzelbaum
mir einen kleinen Luftschutzraum!"

Mit einem Satz
sprang Schmeichelkatz
hinauf auf einen hohen Ast
und suchte einen Ort zur Rast.

Es folgte schnell
ihr Spießgesell,
der Muskelkater, frisch und frei,
und grüßte mit Miaugeschrei.

Der Purzelbaum
stand wie im Traum.
Das lockte selbst den Wasserhahn
und andre seltne Vögel an.

An einem Blatt,
da fraß sich satt
bei Sonne, Regen, Wind und Sturm
ein dicker, fetter Bücherwurm.

Beim Purzelbaum
im Schattenraum
fand Leseratte auch ein Heim
und pflückte sich so manchem Reim.

Und unter Laub
und Blütenstaub
baut Frechdachs sich ein Sommerhaus
und lud zu einem Purzelschmaus.

Laufprobleme

Tausendfüßler, wieviel Truhen
braucht ihr denn bei soviel Schuhen?

Watet ihr nicht oft durch Sümpfe?
Wer wäscht alle eure Strümpfe?

Ihr zerreißt wohl noch und nöcher?
Wer stopft, bitte, all die Löcher?

Und wer hat noch soviel Ruhe,
daß er putzt die tausend Schuhe?

Wen wollt ihr als Schuster holen,
der euch flickt die vielen Sohlen?

Ach, kommt euch das Laufen teuer!
Zahlt ihr dafür auch noch Steuer?

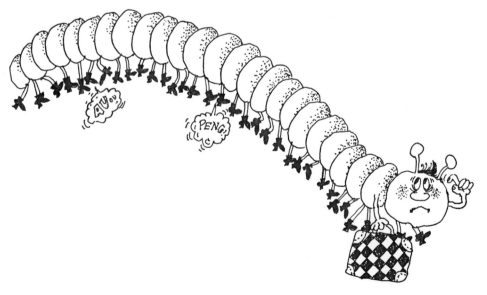

Drachen haben nichts zu lachen!
Franz Sales Sklenitzka gewidmet

Die Drachen,
die Drachen,
die haben nichts
zu lachen!

Sie müssen
immer zittern
vor Rittern,
vor Rittern.

Mit Stangen,
mit Stangen
will man sie
heute fangen.

Will sie das
Fürchten lehren
mit Speeren,
mit Speeren.

Mit Spießen,
mit Spießen
möcht alle man
erschießen.

Man will sie gar
erstechen
mit Rechen,
mit Rechen.

Mit Degen,
mit Degen
will alle man
erlegen.

Man lauert
auf ihr Leben
in Gräben,
in Gräben.

In Hainen,
in Hainen
wirft man sogar
mit Steinen!

Wie sind sie
gallenbitter
die Ritter,
die Ritter!

Die Rohen,
die Rohen
tun nichts als
ständig drohen!

Sie haben nichts
zu lachen,
die Drachen,
die Drachen!

Riesensockenlöcher

Wer, bitte, stopft
für den Riesen die Socken?
Wen könnte denn
diese Arbeit verlocken?

Sind nicht noch länger
als Bäume die Zehen?
Sind nicht die Löcher
so riesig wie Seen?

Wenn er mich fragte,
ich sagte glatt: Nein!
Stopfe dir, bitte,
die Socken allein!

Das Kamel im Bummelzug

Es fuhr ein Kamel im Bummelzug
von Hamburg bis nach Bremen.
Es war dies seine erste Fahrt,
das zeigte sein Benehmen.

Es fraß das Kamel im Bummelzug
die ganze lange Reise,
es fraß und kaute immerzu,
und nicht gerade leise.

Es sprach das Kamel im Bummelzug,
auch wenn es keiner fragte;
es sprach mit vollem Maul, und man
vestand nicht, was es sagte.

Es trat das Kamel im Bummelzug
– der Anblick war zum Weinen –
den Leuten auf den Füßen rum,
den groben und den feinen.

Es tat das Kamel im Bummelzug
die Beine auf die Sitze,
und als es endlich ausstieg, trieb's
die Sache auf die Spitze:

Es warf das Kamel im Bummelzug
die Koffer mit Getöse
zum Fenster raus. Da aber war
der Bahnhofsvorstand böse!

Er sprach zum Kamel im Bummelzug:
Das Fahrn wird dir verboten,
und du läufst jetzt nach Haus zurück
auf deinen eigenen Pfoten!

Solch ein Kamel im Bummelzug,
das woll'n wir nie mehr sehen,
und wer sich nicht benehmen kann,
bleibt auf dem Bahnsteig stehen!

In der Samenhandlung

Hier bekommen Sie alles – jede Gattung von Samen! Wir führen den

Ein	– Samen	Füg	– Samen
Furcht	– Samen	Geruh	– Samen
Genüg	– Samen	Gewalt	– Samen
Tugend	– Samen	Acht	– Samen
Bered	– Samen	Unterhalt	– Samen
Folg	– Samen	Wach	– Samen
Gehor	– Samen	Gemein	– Samen
Streb	– Samen	Ehr	– Samen
Bieg	– Samen	Heil	– Samen
Schmieg	– Samen		– Samen

um nur einiges aus unserem Angebot zu nennen. Alle Samen, die wir führen, können wir beim besten Willen nicht aufzählen. Kommen Sie herein, suchen Sie sich aus, was Sie brauchen!

Lose zu verkaufen!

Es gibt so viele verschiedene Lose, daß Herr Gwinnmandl, der sich ein Geschäft dafür aufmacht, für jede Art ein besonderes Fach einbauen läßt.
Na ja, aber soo viele Lose gibt es auch wieder nicht! behauptet seine Frau.
So? Dann paß mal auf:

Es gibt: Kraft   – Lose
              Inhalts   – Lose
              Kinder   – Lose
              Schaffner – Lose

Fleisch   – Lose
Zucker   – Lose
Salz   – Lose
Bewußt   – Lose
Farb   – Lose
Phantasie   – Lose
Lieb   – Lose
Charakter   – Lose
Atem   – Lose
Schuld   – Lose
Mühe   – Lose
Arbeits   – Lose
Naht   – Lose
Kopf   – Lose
Fehler   – Lose
Gedanken   – Lose
Freud   – Lose

Hör auf, hör auf! ruft seine Frau. Du hast ganz recht. Und wenn ich es mir recht überlege, sind wohl 95 Fächer noch bei weitem zu wenig! Ich fürchte, wir müssen anbauen ...

Spaß mit dem Wind

Winde, Winde, Wirbelwinde
tanzen um die alte Linde,
necken sich,
verstecken sich,
pfeifen
und kneifen,
summen
und brummen,
laufen
und raufen,
hüpfen im Reigen,
schaukeln in Zweigen,
wehen
und drehen,
witzeln
und kitzeln.
Und die Linde lacht,
daß es kracht.

Was ist es?

In einem Wald,
da steht ein Baum.

> Ein Wannenbaum?
> Ein Pfannenbaum?
> Oder ist es ein Kannenbaum?
>
> Ach wo, ach nein,
> ein Tannenbaum!

In einem Garten
wächst ein Strauch.

> Ein Kosenstrauch?
> Ein Dosenstrauch?
> Oder ist es ein Hosenstrauch?
>
> Ach wo, ach nein,
> ein Rosenstrauch!

Am Berghang steht
ein altes Schloß.

Ein Flitterschloß?
Ein Zitterschloß?
Oder ist's ein Gewitterschloß?

Ach wo, ach nein,
ein Ritterschloß!

Auf unsrem Flusse
schwimmt ein Boot.

Ein Fluderboot?
Ein Bruderboot?
Oder ist es ein Puderboot?

Ach wo, ach nein,
ein Ruderboot!

In diesem Buch
steht ein Gedicht.

Ein Herzgedicht?
Ein Erzgedicht?
Oder ist es ein Märzgedicht?

Ach wo, ach nein,
ein Scherzgedicht!

Ich kenn den
allerschönsten Wald.

Den Blaubeerwald?
Den Klauberwald?
Oder meinst du den Rauberwald?

Ach wo, ach nein,
den Zauberwald!

Nanu!

In einem großen Gurkenglas
saß eine Weinbergschnecke,
und nebenan im Suppentopf
schwamm eine dicke Zecke.
    Die Schnecke und die Zecke.

Auf einem alten Federhut,
da hüpfte eine Taube,
und neben einer Nachtigall
lag eine alte Schraube.
    Die Taube und die Schraube.
    Die Schnecke und die Zecke.

In einem großen Spinnennetz,
da zappelt eine Fliege,
und drüben in dem Himmelbett,
da wiegt sich eine Ziege.
    Die Fliege und die Ziege.
    Die Taube und die Schraube.
    Die Schnecke und die Zecke.

An einem dicken Butterbrot
hing traurig eine Motte,
und zu dem Spiel der Klarinett'
sang scheußlich falsch die Lotte.
    Die Motte und die Lotte.
    Die Fliege und die Ziege.
    Die Taube und die Schraube.
    Die Schnecke und die Zecke.

In einem alten Kleiderschrank,
da fehlte eine Latte,
und über ein Faß Apfelwein
lief eine fette Ratte.
    Die Latte und die Ratte.
    Die Motte und die Lotte.
    Die Fliege und die Ziege.
    Die Taube und die Schraube.
    Die Schnecke und die Zecke.

In einem bunten Blumenbeet,
da zwitscherte ein Riese,
und über einen Stolperstein,
da purzelte die Liese.
    Der Riese und die Liese.
    Die Latte und die Ratte.
    Die Motte und die Lotte.
    Die Fliege und die Ziege.
    Die Taube und die Schraube.
    Die Schnecke und die Zecke.

Zu Ende geht die Wundermär,
ganz still sitzt nun der Igel,
und für die Knusperhexe holt
der Rabe einen Spiegel.
    Der Igel und der Spiegel.
    Der Riese und die Liese.
    Die Latte und die Ratte.
    Die Motte und die Lotte.
    Die Fliege und die Ziege.
    Die Taube und die Schraube.

Die Schnecke und die Zecke.

An einem spitzen Gitterzaun,
da hingen sieben Träume,
und in dem düstern Zauberwald,
da gibt es Märchenbäume.
    Die Träume und die Bäume.
    Der Igel und der Spiegel.
    Der Riese und die Liese.
    Die Latte und die Ratte.
    Die Motte und die Lotte.
    Die Fliege und die Ziege.
    Die Taube und die Schraube.
    Die Schnecke und die Zecke.

Und wenn die Kuh ein Liedchen pfeift,
dann klatscht man in die Hände.
Wenn das Gedicht nicht weitergeht,
ist es vielleicht zu Ende.
    Die Hände und das Ende.
    Die Träume und die Bäume.
    Der Igel und der Spiegel.
    Der Riese und die Liese.
    Die Latte und die Ratte.
    Die Motte und die Lotte.
    Die Fliege und die Ziege.
    Die Taube und die Schraube.
    Die Schnecke und die Zecke.

Schlummerlied für das Auto

Schlaf, Auto, schlaf,
sei endlich einmal brav!
Bist heut genug herumgeschwärmt
und hast gebrummt und viel gelärmt.
Schlaf, Auto, schlaf!

Schlaf, Auto, schnell,
dein Licht ist viel zu grell!
Mach beide Augen ganz fest zu,
und gib dann, bitte, endlich Ruh!
Schlaf, Auto, schnell!

Schlaf, Auto, du,
sperr deinen Auspuff zu!
Du hast Gestank genug gemacht,
stink nur nicht auch noch in der Nacht!
Schlaf, Auto, du!

Schlaf, Auto, schnell,
bald wird es wieder hell!
Aber wach nicht zu früh auf,
warte noch mit dem Geschnauf!
Schlaf, Auto, schnell!

Schlaf, Auto, fest,
das ist das allerbest!
Denk nicht, daß du der Größte bist,
der Wichtigste zu jeder Frist!
Schlaf, Auto, fest!

Auto, gute Nacht,
schlaf fest und tief und sacht!
Schau, trotz Rumpeln und trotz Rauchen
können wir dich gut gebrauchen!
Auto, gute Nacht!

Da hilft nichts!

Kein Birnlein fällt vom Zwetschkenbaum
und auch keine Marille,
und gegen einen bösen Traum
hilft nicht mal eine Brille.

Wolkenlied

Ein Wolkenpferd
mit Wolkenreiter
und Wolkensattel
und Woikenleiter,
mit Wolkenflügeln
und Wolkenbeinen
schwebt leise dahin
über Wolkensteinen.

Fast scheint es mir,
es will zu dir.
Steig auf,
reit mit
ins Träumeland
über Wolkenwiesen
und Wolkensand
und Mondesglanz
und Sternenschein
direkt ins Wolkenreich
hinein.

Gute Nacht,
träume süß,
sag den Wolken
schöne Grüß'!

Wirklich wahr!

Du, was ich gesehen habe!:
eine Kuh mit einem Schnabel,
einen Frosch, der fraß mit Gabel,
einen Hund mit großen Flügeln,
eine Maus, die konnte bügeln;
sah sogar ein blaues Bärchen.
Ehrenwort, das ist kein Märchen!

Um die Wahrheit sehr beflissen,
willst du jetzt Genaues wissen?
Also, dann – die Kuh mit Schnabel
und der Frosch mit seiner Gabel
und die andern, die ich nannte,
sind für mich schon Wohlbekannte.

Gleich wird jeder Zweifel schweigen,
denn ich werde sie dir zeigen,
und dann wirst du selber sehen,
wie das Wunder ist geschehen.
Komm nur mit mir in mein Zimmer,
denn dort sind sie jetzt für immer:
auf dem Blatt an meiner Wand,
hingemalt von meiner Hand.

Wünsche

Ich wünsche mir
im Flockentreiben,
daß mir die Sterne
Briefe schreiben.

Ich wünsche mir
bei Regenwetter,
die Briefe würden
immer netter.

Ich wünsche mir
bei Mondenschein,
sie träfen recht bald
bei mir ein.

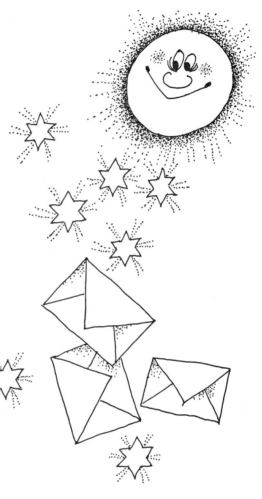

Wie sonderbar

Die Kälber fliegen,
es gackern die Ziegen,
der Wolf legt ein Ei.
Der Fisch macht Geschrei.
Die Lügen sind wahr:
Wie sonderbar!

Rettet die Kletten!

Man müßte sie retten, die Kletten!

Sie sind so anhänglich und treu;
wie sehr ich mich darüber freu!
Aber andere mögen sie nicht
und rupfen
und zupfen
sie von Kleidern und Westen
mit verächtlichen Gesten –
zum Beispiel der Klaus –
und machen ihnen den Garaus,
gerade den netten,
den großen, den fetten!

Man müßte sie retten, die Kletten!

Welche Feige mag das sein?

Diese Feige nimm nicht in den Mund!
Mein Lieber, das wäre ungesund!
Niemand will sich an ihr laben,
keiner mag sie haben,
nicht mal für drei Flaschen Wein!
Wer nicht muß, steckt sie nicht ein!
Was für eine Feige mag das sein? (Die Ohrfeige)

Die Ohren

Die Ohren, die Ohren
hat man zum Löcherbohren
für so schöne Dinge
wie Ringe.

Die Ohren, die Ohren
sind auch dazu geboren
– ganz ohne Fackeln! –
zu wackeln.

Die Ohren, die Ohren
verdienen ihre Sporen!
Sie tragen ganz stille
die Brille.

Sie halten auch voll Güte
die Hüte, die Hüte,
sonst könnte man beim Gehen
nicht sehen.

Die Ohren, die Ohren,
die haben sich verschworen,
vor Seifen
zu kneifen.

Die Ohren, die Ohren
sind auch dazu erkoren,
ich könnt es beschwören –
zu hören!

Das Ungetüm und andre Sachen
(Zu singen nach der Melodie: O Tannenbaum)

Das Ungetüm, das Ungetüm,
rennt durch die Gegend ungestüm.
    Und das nicht nur ...

Die Fledermaus, die Fledermaus,
die schleckt das weiche Leder aus.

Das Krokodil, das Krokodil
frißt einen langen Lokostiel.

Das Dromedar, das Dromedar
verscheucht die ganze fromme Schar.

Im Schwalbennest, im Schwalbennest,
gibt es ein großes Salbenfest.

Das Trampeltier, das Trampeltier
vertreibt die kleinen Lammpel mir.

Der Kochsalat, der Kochsalat,
der schmeckt beinah wie Lochspinat.

Das Regendach, das Regendach
rennt mir auf allen Wegen nach.

Die Sonnenuhr, die Sonnenuhr
hängt fest an einer Tonnenschnur.

Die Rabenbrut, die Rabenbrut
sich an den Würmern laben tut.

Die Hände ruhn, die Hände ruhn,
das Märchen ist zu Ende nun.

Die besten Verstecke

Im Geber versteckt sich ein Eber,
in der Wanne die Anne,
im Kreis das Eis,
im Krater ein Rater,
im Ersatz ein Satz,
im Glauben Lauben.

In Soldaten verstecken sich Daten,
in der Schlacht eine Acht,
im Walter ein Alter,
im Tau die Au,
in den Fuhren Uhren,
in der Rast ein Ast.

In den Kronen stecken Ronen,
in den Pflügen Lügen,
im Schimmel der Himmel,
im Vergessen Essen,
in den Rehen Ehen
und im Herz Erz.

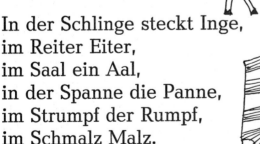

In der Schlinge steckt Inge,
im Reiter Eiter,
im Saal ein Aal,
in der Spanne die Panne,
im Strumpf der Rumpf,
im Schmalz Malz.

Im Kristall steckt ein Stall,
in der Leiche eine Eiche,
im Dampfer Ampfer,
in den Matrosen Rosen,
im Flegel ein Egel.

Im Messer steckt ein Esser,
in den Reisen Eisen,
im Schwein der Wein,
in der Tasche Asche,
im Wort ein Ort,
in den Schwarten viele Arten.

Im Bohren stecken Ohren,
im Zwerg Werg,
im Gruß Ruß,
im Weibe die Eibe,
in der Post der ferne Ost'
und im Stall das ganze All.

Der zappelige Opapa

Es war einmal ein Opapa,
der konnte nie still sitzen,
und alles zappelte an ihm,
bis in die Zehenspitzen.

Er zuckelte, er zackelte,
er rutschte hin und her,
er wickelte, er wackelte,
Stillsitzen fiel ihm schwer.

Und wie er schaukelt, wie er wetzt,
macht es auf einmal bum!
Da fällt mitsamt dem Opapa
der alte Sessel um.

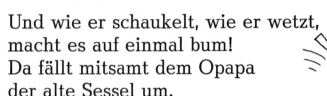

Verdutzt schaut jetzt der Opa drein,
weiß nicht, wie ihm geschah.
Falls er nicht aufgestanden ist,
sitzt er noch immer da!

Der Schraffel

Ein Schraffel mit karierten Socken,
der wollte gern einmal lewrocken
und konnte doch kaum richtig freiben;
da ließ er's bleiben.

Die Wette

Ach, was bin ich so alleine!
Sagt denn niemand: Komm nur, Kleine,
wenn du magst, spiel ich mit dir!
Willst du draußen oder hier?

Plötzlich kommt ein Limbolese,
der ruft: Klarawuttochese!
Ich bin klummen,
um mit dir zu kleffaschrummen!

Willst du mit mir raschekirren
willst du lieber flitschowrirren
oder magst du stupfriketten?
Sagt das Kind: Nein, ich möcht wetten!

Gut, ruft drauf der kleine Mann,
fangen wir damit gleich an:
Wetten wir, daß Mumowalki
wieder einmal kraloschalki?

Wetten wir, daß Brikanwesan
heute noch nicht cikawesan
und die mirokalofese
auch noch nicht grimasorese?

Gern! Und worum wetten wir?
Um ein Krikomaxentier.
Fein!
Schlag ein!

Wichtige Neuigkeiten

Schnickel, schnackel,
Schneckenbrei,
abends ist der
Tag vorbei!

Schnuckel, schneckel,
Schnickelgrund,
wer nicht krank ist,
ist gesund!

Frickel, frackel,
Frockelwald,
wer schon lange lebt,
ist alt!

Frickel, frockel,
Freckelfaß,
meistens ist das
Wasser naß!

Trunkel, bunkel,
Funkeleis,
viele Schimmel
sind schneeweiß!

Schnunkel, prunkel,
Dunkelharz,
Rappen, die sind
sehr oft schwarz.

Stause, flause,
Sausewind,
merk dir das,
mein liebes Kind.

Wie bitte?

Hundegeschnatter
und Schneckengeschrei,
Löwengezwitscher
und Dromedar-Ei,

Entengewieher
und Tigergeweih,
Ziegenbockrüssel
und Heupferdchenbrei:

Gibt's das im Sommer?
Gibt's das im Winter?
– Oder steckt irgendein
Zauber dahinter?

Abendbrotlied

Klischi, klaschi,
wischi, waschi,
klappertaschi,
Suppentopf.

Schwatzli, matzli,
ratzli, schatzli,
krollomatzli,
Puppenkopf.

Krollamese,
wollalese,
tschinotella,
Klapperzahn.

Schnokolame,
Limroblame,
tschinderassa,
Flapperhahn.

Kragenugsa,
fragelugsa,
rischeulauti,
Möwenschrei.

Kommafure,
pfunktilure,
komm, wir essen
Löwenbrei!

Die Strobbelfrotzen

Kennst du sie, die Strobbelfrotzen,
die in allen Küchen motzen,
die auf allen Tellern bruscheln
und in allen Taschen kruscheln?

Kennst du sie, die Feubelschmeusen,
die auf allen Böden kreusen,
die in allen Zimmern frieseln
und in allen Kellern strieseln?

Mitternacht ist kaum gekommen,
sieht man sie schon schnutzlewrommen,
und man hört ihr leises Schlurscheln,
wenn sie übern Tisch krawurscheln.

Schlägt es dann vom Turme eins,
sind sie alle knorchespeins,
husch, hasch, hesch
walapresch!

Einsam

Ich bin so alleine,
wer spielt mit mir? –
Was knistert denn da?
Was raschelt denn hier?

Da steht ja ein Limabulese!
Er ruft: Klarachotese,
ich bin begrummen,
mit dir zu beschrummen!

Gretose, vobrei,
letschklose, mrikei,
wir wollen betrusren
und Ball überschrusren!

Dann wolln wir fischetten.
Willst du mit mir wetten
um drei Masedisen
aus Rollaschamisen?

Fidritti, fidrette,
mach mit bei der Wette,
dann bist du beklorken,
wirst nie wieder schlorken!

Tschirilla, Vibrilla, Vibram,
katort, forolam,
kikonett,
viroscham!

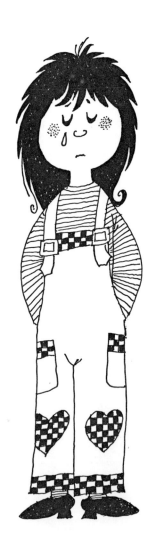

Die Sanräse

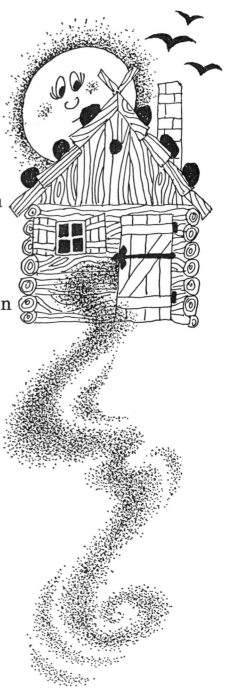

Mit zottigen Haaren,
ganz schrielegrum,
schwiecht eine Sanräse
im Twarcht herum,

pflückt Beeren und Tscholen
und Rasprol-Blätter
bei Sonne und Pretscholl
und Regenwetter.

Sie sucht auch nach Krolchen
und Rageluchen
und bäckt daraus Wrotschis
und Tschunna-Kuchen.

Sie hopst über Schwortzeln
und Nigewonschen
und kriecht unter Druben
und große Klonschen.

Und grammt sie zur Hütte
der Nenordschproden,
dann schlüpft sie hinein
und sagt freundlich: Froden!

Und hat sie im Herd dann
ein Frocki entfacht,
dann legt sie sich nieder
und trolpt: Nute Gacht!

Drei Frolitte

Unterm Zaun
hinterm Schraun
sitzen drei Frolitte,
einer rechts,
einer links,
einer in der Mitte,
einer singt,
einer summt,
einer ruht sich aus,
und dann rennen
alle drei
miteinand nach Haus.

Abendlied der Rumpfelpforrels

Attui rettuf,
nechar nessiv,
kattui, mettuf,
pechar klessiv.

Klaschurosa
wirescheck,
raschpulosa
pireweck?

Negiwrolla,
nepful, scholla!
Pristoschnolla
kiretscheck!

Hier wird gebellt, gewiehert und miaut

Tiere im Zauberwald

Die Tiere sind im Zauberwald
von ganz besondrer Art:
Voll Raubgier ist der Mäuserich,
ganz zahm der Leopard.

Da ruft die Kuh:
Uhu, uhu!
Da bellen
Forellen.

Hähne
haben eine Mähne,
und es klappern
ihre Zähne.

Schmetterlinge
müssen Ringe
in die Ohren
bohren.

Enten summen
laut und brummen,
und nichts bringt sie
zum Verstummen.

Schlangen
haben angefangen,
mit den Eulen
laut zu heulen.

Dohlen
wiehern hier wie Fohlen,
und die Weinbergschnecken
beißen wie die Zecken.

Milben
dröhnen
kurze
Silben.

Mäuse sammeln
nicht nur Läuse,
nein, auch Bremsen
für die Gemsen.

Tauben
rauben,
kaum zu glauben,
Tigerweibchen aus den Lauben.

Kater schwimmen
in dem See,
nähren sich
mit Kneipp-Kaffee.

Ottern
schlottern
in den
Kottern.

Bienen
laufen nur auf Schienen.
Kraken
quaken.

Wanzen
tanzen
froh zu zweien
mit den Haien.

Meisen
verspeisen
auf längeren Reisen
ihre eigenen fröhlichen Weisen.

Möwen
brüllen
gleich den
Löwen.

Hör nur,
wie die
Muscheln
nuscheln!

Nattern
schnattern,
Ziegen
fliegen.

Die Gestalten
voller Falten,
diese Tiere – alle viere –
sind Vampire,

nähren sich aus Wasserquellen,
wo des Nachts die Frösche bellen,
niemals saugen sie dein Blut,
das schmeckt ihnen gar nicht gut!

Dem Zauberer im Zauberwald
wird es vor lauter Gruseln kalt.
Hier machen alle, was sie wollen,
nicht, was sie sollen!

Heuschrecks Abenteuer

Es sitzt ein Heuschreck an der Wand.
Allerhand!

Der Heuschreck guckt nach rechts und links.
Liebes Dings!

Der Heuschreck guckt die Leute an.
Mannomann!

Der Heuschreck braucht ein wenig Heu,
meiner Treu!

Der Heuschreck sieht ein Wiesenstück.
Welches Glück!

Der Heuschreck fühlt sich wundervoll.
Wirklich toll!

Jetzt springt der Heuschreck ganz schnell weg.
Großer Schreck!

Wer sind die Täter?

Wer hat die Drossel erdrosselt?
Wer hat den Würger erwürgt?
Wer hat den Adler geadelt?
Wer hat die Taube betäubt?

Wer hat die Ente geentert?
Wer hat den Fuchs gefuchst?
Wer hat den Rappen berappt?
Wer ließ den Schimmel verschimmeln?

Wer hat die Grille gegrillt?
Wer hat den Mops gemopst?
Wer hat die Maus gemaust?
Wer hat den Star gestartet?

Wer hat den Falter gefaltet?
Wer hat die Larve entlarvt?
Wer hat die Bremse gebremst?
Wer entfloh mit dem Floh?

Wer hat den Rochen gerochen?
Wer hat den Stör gestört?
Wer ist über den Hecht gehechtet?
Wer hat den Stichling gestochen?

Wer stört dem Känguruh die Ruh?
Wer ficht mit dem Strauß einen Strauß?
Wer hat die Reiher gereiht?

Wer hat mit dem Boxer geboxt?
Wer hat den Spitz gespitzt?
Wer hat die Schaben geschabt?
Wer hat den Wolf durch den Wolf gedreht?

Wer hat den Schnauzer angeschnauzt?
Wer hat die Lachmöwe verlacht?
Wer hat die Kohlmeise verkohlt?

Wer war barsch zum Barsch?
Wer hat den Stier angestiert?
Wer hat die Weihe geweiht?
Wer hat dem Star den Star gestochen?

Marienkäfer, flieg!

Marienkäfer, flieg,
wohin der Luftballon stieg!
Sag ihm: Tschapprokommo,
luftiwases, prommo,
platzramiro-krache!
Das heißt in seiner Sprache:
Platze nicht, paß gut auf!
Komm zurück, ich warte drauf,
schweb direkt vor meine Füße!
Tausend Platzramiro-Grüße!

Vöglein im Sonnenschein

Vöglein im Sonnenschein,
sing mir ein Lied,
sing von der Wolke,
die über uns zieht,
singe vom Wind,
der im Blütenbaum rauscht,
sing von der Drossel,
die spottet und plauscht,
sing von den Menschen,
von Freude und Leid,
sing von der
fröhlichen Frühlingszeit,
sing von der Liebe,
die alles erdacht,
singe von Gott,
der die Erde gemacht!

Was sagt der Spatz?

Was sagt der Spatz
zm zwei Uhr früh?

Gestatten Sie, da spricht er kaum,
und wenn – im Traum.

Da sagt er manchmal: Tschirp! und Piep!
Das klingt sehr lieb.

Doch gibt es etwas, was ihn stört:
daß ihn da selten einer hört.

Spatz und Elster

Die Elster fliegt zum Nest geschwind,
in ihrem Schnabel einen Ring.
Der kleine Spatz schreit: Piep, piep, piep,
ein Dieb, ein Dieb, ein Dieb, ein Dieb!

Die Elster kreischt: Du Lümmel, du,
du Gassenbub, den Schnabel zu!
Da lacht der Spatz: Sei du nur still,
du Dieb! Ich schrei, solang ich will:
Piep, piep, piep, piep, piep, piep, piep, piep,
ein Dieb, ein Dieb, ein Dieb, ein Dieb!

Die vorsichtige Schnecke

Im Garten liegt ein Schneckenhaus.
Die Schnecke streckt die Fühler aus:
Es regnet ja, o Graus,
da bleibe ich zu Haus!

Am nächsten Tage bläst der Wind
ein kleines bißchen und sehr lind.
Bei diesem Sturmgebraus,
da bleibe ich zu Haus!

Des Nachts scheint dann der liebe Mond,
will sehen, wo die Schnecke wohnt.
Die sagt: Der ist von Sinnen,
da bleib ich lieber drinnen!

Was tun sie da?

Was tut der Spatz
dort auf dem Dach?
Er zirpt und schimpft
und pfeift und klimpft
und macht viel Krach.

Was macht die Maus
in ihrem Haus?
Sie hält heut Putz
und kehrt den Schmutz
zur Tür hinaus.

Was macht der Hahn
dort auf dem Holz?
Er schreit und kräht
von früh bis spät
und ist sehr stolz.

Rabengruß

Krah, krah,
die Raben sind da,
die Rabenbande
aus Schwabenlande
ist wieder da,
krah, krah!

Kuckuckslied

Der Kuckuck kann ein neues Lied:
Kuckuck, kuckuck, kuckuck!
Er singt, so lang der Flieder blüht:
Kuckuck, kuckuck, kuckuck!
Er singt das ganze liebe Jahr:
Kuckuck, kuckuck, kuckuck!
Er findet das ganz wunderbar:
Kuckuck, kuckuck, kuckuck!

Waldi

Waldi, deine Ohren,
die sind schrecklich lang,
krumm sind deine Beine,
bist du vielleicht krank?

Nein, nein, nein, mein Lieber,
sag, was denkst du nur?
Meine langen Ohren
hab ich von Natur!

Warum ich so wackel?
Nun, das macht mir Spaß,
ich bin doch ein Dackel!
Sag mal, stört dich das?

Die dumme Uhufrau

Der Uhu heult im Walde laut:
Uuuuhuuuuhuuuu!
Sucht überall nach seiner Braut:
Uuuuhuuuuhuuuu!

Er sucht schon viele Stunden.
Kommt er, ist sie verschwunden:
Uuuuhuuuuhuuuu!

Sie läßt sich gar nicht sehen!
Der Trotz wird ihr vergehen!
Uuuuhuuuuhuuuu!

Wenn sie sich endlich finden läßt,
sitzt eine andere im Nest!
Uuuuhuuuuhuuuu!

Das Froschkonzert

Wer singt so schön, wie Frösche singen?
Wer kann solch holde Ständchen bringen
und wer die Herzen so bezwingen?

Herr Frosch, Sie haben recht,
so ruft der alte Specht,
nur Ihre Kunst ist echt!

Das fatale Storchenei

Frau Störchin brütete ein Ei.
Hurrageschrei!

Was schlüpfte aus dem Ei heraus?
Die allerkleinste Fledermaus.
O Schreck, o Graus!

Was hatte die in ihrem Maul?
Es war ein alter, dürrer Gaul,
der war schon immer schrecklich faul.
O weh, o waul!

Der Gaul, der trabte durch den Schnee
und plumpste in den tiefen See.
Ojemine!

Nun gibt's im Storchennest kein Ei.
Owehgeschrei!

Ein seltsamer Vogel

Ein Vogel, der keine Flügel hat
und deshalb nicht fliegen kann,
ein Vogel, dem das Unglück folgt,
was immer er ersann,

ein Vogel, der nur Kummer kennt
und Angst und Not und Pein,
dem das Körnchen aus dem Schnabel fällt:
Welch ein Vogel mag das sein?

(Der Pechvogel)

Welche Ratte mag das sein?

Eine kleine blonde Ratte
schlich sich in den Keller,
setzte sich auf eine Matte,
füllte ihren Teller
und aß, und aß,
und las, und las,
und tut bis heute,
liebe Leute,
nichts anderes als das!

(Die Leseratte)

Unsere Fledermaus

Unterm Dach in unserm Haus
wohnt die kleine Fledermaus,
schläft den lieben langen Tag.
Ob sie wohl das Licht nicht mag?
Schläft und hängt kopfüber runter.
In der Nacht, da wird sie munter,
in der Nacht, da wird sie wach
unter unserm alten Dach.

Vier kleine Mäuschen

Vier kleine Mäuschen
hat Mütterchen Maus:
den Zipfel, den Schnipfel,
den Pipfel, den Klaus.
„Achtung, die Katze!"
ruft Mütterchen Maus.
Vier kleine Mäuschen,
die flitzen ins Haus.

Die Katzenfamilie

Die Mutter heißt Mieze
und fängt eine Maus.
Die trägt sie voll Stolz
ihren Kindern nach Haus,
dem Schnickel, dem Schnackel,
dem Putz und dem Schnuckel.
Der Vater
heißt Kater
und macht einen Buckel.

Dackel, Kater und Maus

Mein Dackel, der Franz,
hat den herzigsten Schwanz.
Mein Kater, der Schnuckel,
macht den rundesten Buckel.

Henriette die Maus,
flitzt geschwind in ihr Haus,
denn mit Katern und Dackeln,
die mit Schwänzelchen wackeln,
da kennt sie sich aus!

Der Esel ist weg

O Jammer, o Schreck,
der Esel ist weg!

Wo rannte er hin?
Zur Tante nach Wien.

Was hat er dort vor?
Er beißt sie ins Ohr.

Und was tut er dann?
Er zeigt, was er kann:

er klopft und er schellt,
er wiehert und bellt

und fliegt mit dem Schimmel
beinah bis zum Himmel.

Es flog eine Kuh nach Afrika

Es flog eine Kuh nach Afrika,
dibim, dibam, dibafrika,
flog über sechzehn Wochen,
und als sie endlich kam ans Ziel,
in Afrika, ganz nah am Nil,
war sie nur Haut und Knochen.

Es flog eine Kuh nach Afrika,
dibim, dibam, dibafrika,
und suchte eine Weide.
Und weil sie keine Wiese fand
in dem so neuen, fremden Land,
da ging sie ins Getreide.

Es fraß die Kuh in Afrika,
dibim, dibam, dibafrika,
das schöne Korn begierig,
sie fraß und fraß und fraß und fraß
den Reis, den Weizen ... nur kein Gras,
denn das war ihr zu schwierig.

Es saß eine Kuh in Afrika,
dibim, dibam, dibafrika,
und war gar sehr benommen.
Sie war zum Denken viel zu müd,
und sagte: Ach, du liebe Güt,
wozu bin ich gekommen?

Da flog ich als Kuh nach Afrika,
dibim, dibam, dibafrika,
ist das denn nicht zum Lachen?
Ich fliege lieber gleich zurück
und such im Heimatland mein Glück,
was soll ich hier nur machen?

Es flog eine Kuh aus Afrika,
dibim, dibam, dibafrika,
ins alte Dörfchen wieder.
Sie schrie: Es ist als wie im Traum!
Dann schlug sie einen Purzelbaum
und sang die schönsten Lieder.

Es flog eine Kuh nach Afrika,
dibim, dibam, dibafrika,
als hätte sie Storchenflügel.
Und als sie wieder heimgekehrt,
war sie von allen hochgeehrt,
die scheckige Kuh vom Hügel.

Ausreden einer Gans

Ich kann jetzt nicht legen!
Heute gibt's Regen!

Ich laß mich nicht rupfen!
Ich habe Schnupfen!

Ich kann heut nicht wachen!
Draußen sind Drachen!

Du willst nicht? Du magst nicht?
Dann muß ich dich schlachten!

Mein Lieber, o wehe,
ich bin viel zu zähe!

Die Hühnerfamilie

Frau Henne hat zwölf Küchlein,
die führt sie heute aus,
fängt jedem schnell ein Würmlein
gleich neben unserm Haus.

Es sitzt der Hahn dort auf dem Holz
und schreit, und kräht und ruft voll Stolz:
Kikerikiiii, kikerikeiii,
ein Küchlein kam aus jedem Ei!

Schaut mich nur an, ich bin der Mann,
der alle zwölf ernähren kann!

Im Ochsenstall

Zwei Kälber stehn im Ochsenstall,
sehn viele Ochsen überall
und eine bunte Kuh.
Muh!

Die Kälber bitten inniglich:
Sing, liebe Kuh, wir bitten dich,
und wir, wir hören zu.
Muh!

Sie spricht: Ihr dummen Kälber,
singt eure Lieder selber,
und mich, mich laßt in Ruh!
Muh!

Ich und die Kuh

Ich liege auf der Wiese
und seh den Wolken zu.
Daneben steht die Liese,
die Kuh.

Sie sieht nicht nach dem Wetter,
sie guckt gar nicht hinauf.
Sie schaut nur auf die Blätter. –
Die frißt sie auf.

Hochzeit im Hühnerhof

Fräulein Henne ist gar stolz,
denn dem schönsten Hahn
weit und breit im Hühnerhof
hat sie's angetan.

Morgen soll die Hochzeit sein.
Alle gratulieren.
Fritz, den Puter, sieht man schon
frisch dahermarschieren.

Und der Hofhund, sonst recht rauh,
kommt bescheiden an.
Auch der Kater eilt herbei,
buckelt, was er kann.

Alle Gänse stehn im Kreis,
schnattern überlaut,
bringen froh ihr Ständchen dar
Bräutigam und Braut.

Selbst der Esel Wackelschwanz
steht auf einmal da:
Wenn hier alle gratulieren,
gratulier I A!

Wohnt der Eskimo im Zoo?

Hat das Dromedar
onduliertes Haar?
Säuft das Trampeltier
Wasser oder Bier?
Ist der Elefant
mit seiner Frau verwandt?
Futtert das Kamel
außer Gras auch Mehl?
Macht das Krokodil
manches Mal ein Spiel?
Gibt das Känguruh
Milch wie eine Kuh?
Hat der Ziegenbock
einen Wanderstock?
Hat der Tiger schon
einen Schwiegersohn?
Sagt der Kakadu
zu der Eule du?
Hat der Zebramann
Badehosen an?
Macht der Papagei
stets so viel Geschrei?
Ist der wilde Stier
nie ein braves Tier?
Meint der Enterich,
wenn er schnattert, mich?

Läuft das wilde Schwein
in den Stall hinein?
Bäht das kleine Schaf
immer, auch im Schlaf?
Wohnt der Eskimo
auch in einem Zoo?
Sagt mir doch, wieso
heißt der Zoo bloß Zoo?

Zebrahochzeit
(Zu singen nach der Melodie „Die Vogelhochzeit")

Zwei Zebras wollten Hochzeit machen
in der Wüste Sahara.
    Fidirallalla, fidirallalla,
    fidirallallallalla!

Das Dromedar, das Dromedar,
das onduliert der Braut das Haar.

Der Vogel Strauß, der Vogel Strauß,
der bügelt ihr die Streifen aus.

Das Krokodil, das Krokodil
ergeben ihr zu Füßen fiel.

Das Trampeltier, das Trampeltier,
das war des Bräutigams Barbier.

Man sah da zwei Giraffen
den Tafelwein beschaffen.

Die kleine Maus, die kleine Maus,
die sorgte für den Hochzeitsschmaus.

Das Känguruh, das Känguruh,
das führt der Braut die Gäste zu.

Das Nilpferd trug den Schleier,
das ehrt' es ungeheuer.

Die grauen Elefanten,
die waren Musikanten.

Das größte der Kamele,
das sang aus voller Seele.

Der Löwe sprach: Ich schwöre,
daß ich euch nie verzöhre!

Die Antilopen, flink und klug,
die ordneten den Hochzeitszug.

Der Wüstenfuchs, der schlaue Mann,
der führt den Hochzeitsreigen an.

Es wünscht das treue Warzenschwein:
Ihr möget ewig glücklich sein!

Karneval der Tiere

Die Eule geht als Leopard.
Das Maskenkleid ist sehr apart.

Der Uhu kleidet sich als Ziege,
die Schwalbe geht als junge Fliege.

Die Katze kräht, sie geht als Hahn.
Der Kater kommt als Lämmlein an.

Das Krokodil macht sich ganz klein.
Es möchte eine Gelse sein.

Der Esel, mit Miau-Geschrei,
der ist als Katze mit dabei.

Der Löwe gar als Gemse rennt.
Ich wette, daß ihn niemand kennt.

Der Tiger kleidet sich als Schaf
und tut, als wär er schrecklich brav.

Das große, stolze Trampeltier
sieht man als Teddybären hier.

Ich weiß noch nicht, wie ich mich kleide.
Vielleicht geh ich als Kuh in Seide.

Nachwort

Den „Zauberwald" erfüllt ein poetischer Zauber. Hier hext die Autorin Silben, Wörter und Sätze gekonnt durcheinander, bis sie zu einem originellen und liebenswerten Schluß gelangt. Der Leser und Zuhörer stolpert über Zungenbrecher, stutzt über Wortverdrehungen und Wortneuprägungen, dringt in die Geheimsprache von frei erfundenen Silbengedichten ein, erlebt, daß man bekannte Melodien mit neuen Texten singen und daß man Bestehendes umgestalten kann. Die Fülle von Beispielen für den schöpferischen Umgang mit Sprache lösen die Zungen von Groß und Klein und regen zu fröhlichem Mittun und Selbstprobieren an. – Eine zwanglose Form von Sprach- und Ausdruckserziehung, weil Sprache zum Spielzeug wird.

Die unheimlichen Gestalten mit ihren menschlichen Schwächen bewirken, daß die Phantasie blühen kann, daß die Angst, die bei manchen Kindern übersteigert ist, zu einem wohligen Gruseln wird, ohne daß Aberglaube oder gar das Böse verharmlost werden. Damit setzt sich die Autorin nicht auseinander und läßt deshalb auch keine nachdenklichen und kritischen Töne anklingen.

Sie entrückt das Geschehen dem Hier und Jetzt und öffnet damit den Zugang zu einem Stückchen „heiler Welt". Das Buch will bloß Spaß und Fröhlichkeit verbreiten.

Auch die Sorge, daß Kindern der Einblick in die Realität vorenthalten wird, wenn die magischen Gestalten zu lange die Kinderstube bevölkern, scheint unangebracht. Wenn ein Kind ausreichend Informationen über die es umgebende Wirklichkeit erhält, dann vermag es auch sicher Scherz und Ernst zu unterscheiden, Übertreibungen zu durchschauen, sich an Unsinn zu freuen und Märchenhaftes nicht wörtlich zu nehmen. Gerade Kindern, die über die Sachwelt wohl Bescheid wissen, wird der „Zauberwald" fröhliche Überraschungen bieten.

Die Texte und die köstlichen Illustrationen sind eine Fundgrube, deren man sich in Familie, Kindergarten, Schule und Hort eifrig bedienen möge.

Dr. Johanna Mathiasek
Direktorin der Bildungsanstalt
für Kindergartenpädagogik in Wien

Inhalt

I. VON KLEINEN UND GROSSEN ZAUBERERN 5

Im Zauberwald.	6
Wo findet man das?	9
So ruft man den Zauberer	10
Zaubermeister kommt sogleich	11
Der Zauberer ist da	12
Wer ist ein Zauberer?	14
Was braucht man zum Zaubern?	14
Aufstieg zum Zaubermeister	16
Zaubern ist leicht	17
Rezept zur Herstellung eines echten Zauberstabes	18
Das Zauberbuch	20
Zauberbuchzaubereien.	21
Fünf Zaubersprüche	22
Ein besonders wirksamer Zauberspruch . . .	24
Ein Zauberlied.	25
Das Lied der Zaubergilde	26
Zauberei	27
Jeder zaubert auf seine Art	28
Elf Zauberwald-Abzählreime	31
„Z" wie Zauberer	35
Was ißt der Zauberer?	36
Zaubererfrühstück	37
Der Zauberer darf sich freun	38

Der Zipfelzapfelzauberer	39
Ein Zauberer in der Wiese saß	40
Interview mit dem Zauberer	42
Die Wochentagszauberer	43
Jeder Zauberer hat seine Art	44
Drei Zauberer	44
Der kleine Zauberer Schnirr	45
Zauberer Theo	46
Der Zauberer Mirakula	48
Im Wald des bösen Zauberers	50
Abendlied des Zauberers	53
Abschied vom Zauberwald	54

II. ELFEN, NIXEN, SCHAUERGEISTER .. 55

Lauf doch in den Zauberwald!	56
Die Elfen von Waldhausen	58
Mischelfen-Sprache	59
Seerosennixen	60
Nixenlied	61
Spottlied auf den Wassermann	62
Wassermann-Menü	63
Die böse Fee	64
Der alte Lindwurm	65
Der klitzekleine Zwerg	66
Wie sich die Zeiten ändern	66
Der Tortenzwerg	67
Schreckgespenster	68

Gespensterball	69
Gespensterlied	70
Nach Mitternacht	71
Das Burggespenst	72
Rabenjagd	74
Gespensterjodler	74
Huuuch!	75
Das stumme Gespenst	76
Was ist denn da los?	77
Waldschratt-Alphabet	78
Räuberlied	79
Wenn der Waldschratt schrattelt	80
Verschobenes Gesindel	82
Märchen vom Sonntagskind	83
Irgendwo	84

III. JA, GIBTS DENN SOWAS?! 87

Spiel und Tanz auf der Zauberwiese	88
Eine Purzelbaumgeschichte	90
Laufprobleme	93
Drachen haben nichts zu lachen	94
Riesensockenlöcher	95
Das Kamel im Bummelzug	96
In der Samenhandlung	98
Lose zu verkaufen!	99
Spaß mit dem Wind	101
Was ist es?	102

Nanu!	104
Schlummerlied für das Auto	107
Da hilft nichts!	108
Wolkenlied	109
Wirklich wahr!	110
Wünsche	110
Wie sonderbar	111
Rettet die Kletten!	112
Welche Feige mag das sein?	112
Die Ohren	113
Das Ungetüm und andere Sachen	114
Die besten Verstecke	115
Der zappelige Opapa	117
Der Schraffel	117
Die Wette	118
Wichtige Neuigkeiten	119
Wie bitte?	119
Abendbrotlied	120
Die Strobbelfrotzen	121
Einsam	122
Die Sanräse	123
Drei Frolitte	124
Abendlied der Rumpfelpforrels	124

IV. HIER WIRD GEBELLT, GEWIEHERT UND MIAUT	125
Tiere im Zauberwald	126

Heuschrecks Abenteuer	129
Wer sind die Täter?	130
Marienkäfer, flieg!	132
Vöglein im Sonnenschein	133
Was sagt der Spatz?	134
Spatz und Elster	134
Die vorsichtige Schnecke	135
Was tun sie da?	136
Rabengruß	136
Kuckuckslied	137
Waldi	137
Die dumme Uhufrau	138
Das Froschkonzert	138
Das fatale Storchenei	139
Ein seltsamer Vogel	140
Welche Ratte mag das sein?	140
Unsere Fledermaus	141
Vier kleine Mäuschen	141
Die Katzenfamilie	142
Dackel, Kater und Maus	142
Der Esel ist weg	143
Es flog eine Kuh nach Afrika	144
Ausreden einer Gans	146
Im Ochsenstall	147
Ich und die Kuh	147
Hochzeit im Hühnerhof	148
Wohnt der Eskimo im Zoo?	149
Zebrahochzeit	150
Karneval der Tiere	152
Nachwort	153

Reime, Geschichten und Spielgedichte derselben Autorin findet Ihr auch in diesem Buch:

Zahlreiche gruselige und schaurige, aber auch lustige Texte enthält diese hervorragend illustrierte Textsammlung, die sich in Kindergarten, Schule und Familie großer Beliebtheit erfreut.

160 Seiten, durchgehend illustriert, Pappband